NOTA SOBRE EL AUTOR

Aymeric López, nacido en Lyon en 1986, es licenciado en ingeniería mecánica y trabaja en el sector de la construcción naval militar desde 2009. Siempre le ha fascinado la historia, primero la antigua y luego las guerras del siglo XX. Modelista desde los 15 años, ha desarrollado un interés especial por los barcos italianos de la Segunda Guerra Mundial, poco conocidos en su país, Francia. Por ello, se convirtió en un experto mediante el estudio y la recopilación frecuente de documentos, visitando museos y organismos militares transalpinos hasta el punto de crear una página web específica sobre el tema creada para compartir su pasión (www.italie1935-45.com).

AGRADECIMIENTOS

El autor y la editorial agradecen las amables concesiones y/o créditos fotográficos: Colección J.M. Campesino, Colección Francisco Andreu, Colección Familia Dequal, Archivo Fundación Yagüe, Colección Adriano Mantelli, Archivo del Ejército del Aire, Colección Familia Bolesani, Colección Branguli, Colección Bruno Dalpiaz, Colección Bernardo Monti, Colección Leproni, Colección Próspero Nuvoli, Colección Familia Anderle, Colección Franco Bargoni, Colección Familia Comelli, Colección Nino Bortolini, Colección Fernando Pina Rubio, Colección A. de Toro, Colección Patrick Laureau, Colección Sebastián Aguilar, Colección Betanya y Salvador, Archivos Estatales españoles, Bibliothèque nationale de France, Archivo Histórico Provincial de Bolzano, Museo Caproni, Museo Histórico de la Guerra de Italia, Bundesarchiv. El resto de las imágenes, cuando no se indica lo contrario, son de la colección del autor.

PUBLISHING'S NOTES

LICENSES COMMONS

Título: *Italianos en España 1936-1937*, de Aymeric López
Primera edición en español: junio 2022
Traducción de Anna Cristini
Codigo editorial: LH-003
Cubierta y gráfica: LÍBERA EDITORIAL
ISBN: 9788418561320

©2022, LÍBERA EDITORIAL
www.liberaeditorial.com
en colaboración con © SOLDIERSHOP.COM

Aymeric López

ITALIANOS EN ESPAÑA

1936-1937

CUERPO TROPAS VOLUNTARIAS (C.T.V.)

LIBERA
HISTORIA-003

ÍNDICE

INTRODUCCIÓN

Aunque la historia completa del conflicto español no es el tema principal de este libro, que se concentra en la participación italiana en la Guerra Civil, es bueno empezar por trazar la cronología de los acontecimientos que condujeron al estallido del conflicto en la Península Ibérica.

Un país en declive

En 1898, España fue derrotada en la breve guerra contra Estados Unidos, el último conflicto de un siglo que marcó el fin del imperio colonial español. Como resultado del Tratado de París, el país perdió Cuba, Guam, Puerto Rico y Filipinas. Todo lo que quedaba de su imperio eran unas pocas posesiones africanas, completadas en 1912 por el protectorado de Marruecos. Las élites españolas se dieron cuenta de repente de que su país se había convertido en un actor secundario en la escena internacional, mientras que la rápida derrota de Estados Unidos fue vivida como una profunda humillación por toda la sociedad.

A nivel interno, el país luchaba con muchas dificultades socioeconómicas, la más importante de las cuales era el problema agrario. En 1928, casi el 75% de la tierra pertenecía al 5% de los propietarios, y cerca del 90% de los 4.500.000 campesinos españoles ganaban menos de una peseta al día, apenas una cuarta parte del salario medio. Las disparidades regionales en términos de desarrollo industrial, limitadas principalmente a Cataluña y el País Vasco, prepararon el terreno para las reivindicaciones nacionalistas en estas regiones.

Políticamente, España volvió a la monarquía constitucional tras el golpe de Estado de 1874 en forma de restauración de los Borbones, tras la breve experiencia de la primera república proclamada en febrero de 1873. Este régimen se basaba en un sistema bipartidista en el que la alternancia política ficticia se acordaba entre los dos partidos dinásticos (liberal-conservador y liberal-fusionista) y se aseguraba mediante el uso del fraude electoral. La institución del sufragio universal para los hombres mayores de 25 años en 1890 no cambió fundamentalmente el funcionamiento del sistema. La profunda centralización que acompañó a la restauración no hizo sino reforzar el nacionalismo catalán y vasco. Los primeros movimientos obreros dieron lugar al PSOE, fundado en 1879, y al sindicato UGT en 1888.

Con la llegada al trono de Alfonso XIII en 1902, España inició una tímida modernización bajo el control del ejército. Durante la Primera Guerra Mundial, el país se mantuvo neutral, lo que contribuyó a su marginación en Europa. En 1917 estalla una huelga revolucionaria y se declara el estado de emergencia. La grave epidemia de gripe de 1918 no hizo sino agravar la situación, mientras que la revolución rusa influyó en los sindicatos, que mantuvieron focos de revuelta en todo el país hasta 1921. Los sucesivos gobiernos, incapaces de restablecer la situación debido a las divisiones políticas de todas las partes, se sucedieron rápidamente hasta el golpe de Estado de Miguel Primo de Rivera el 13 de septiembre de 1923.

Reconocida por el rey, la dictadura de Primo de Rivera debía poner orden en la corrupción del país. Para ello, se suspendió la constitución, se disolvieron los consejos municipales y se prohibieron los partidos políticos. Mientras que la CNT y el PCE fueron reprimidos, el PSOE y la UGT fueron tolerados por el régimen. La política de obras a gran escala en los ámbitos de las infraestructuras, el riego y la energía hidroeléctrica permitió inicialmente al régimen gozar de gran popularidad. Pero el apoyo a la dictadura duró poco: la burguesía catalana se desilusionó rápidamente con la política centralista del gobierno, y el deterioro de las condiciones laborales alejó al PSOE y a la UGT de los planes de Rivera. La crisis de 1929 tuvo efectos devastadores en la economía del país y Alfonso XIII obligó al dictador a dimitir y a exiliarse en enero de 1930.

La Segunda Pepública

Como consecuencia de la dictadura, la monarquía se vio seriamente cuestionada por el Pacto de San Sebastián, firmado por la mayoría de los movimientos republicanos españoles. La idea de abolir la monarquía también arraigó en el ejército, donde los intentos de rebelión fueron reprimidos sangrientamente. Para sondear la opinión pública, el rey y su jefe de gobierno, el almirante Juan Bautista Aznar-Cabañas, decidieron organizar elecciones municipales para el 12 de abril de 1931. En la mañana del 13 de abril, los resultados parciales de las grandes ciudades daban una amplia mayoría a los republicanos. De las 50 capitales de provincia, 40 vieron la victoria de las listas republicanas. Cuando se anunciaron los primeros resultados, se formaron multitudes entusiastas en las principales ciudades del país, mientras el rey convocaba a sus ministros para anunciarles que estaba dispuesto a afrontar las consecuencias de este fracaso. Sin embargo, al final, los candidatos monárquicos representaron el 50,17% del total gracias a sus buenos resultados en las zonas rurales, frente al 48,03% de los republicanos. Pero Alfonso XIII había tomado una decisión: considerando que la permanencia en el poder podía provocar graves disturbios, decidió partir al exilio el 14 de abril, pero sin abdicar. Al principio se fue a Francia, para luego, en 1934, instalarse definitivamente en Roma.

El mismo día de los resultados se proclamó la Segunda República, aunque la constitución no preveía la celebración de elecciones municipales para cambiar el régimen vigente. Las elecciones de las Cortes Constitucionales del 28 de junio de 1931 dieron una amplia mayoría a los partidos de Izquierda Republicana, con el 38,4% de los votos y 173 escaños de los 470. Los socialistas, dirigidos por el líder moderado Julián Besteiro, obtuvieron el 24,5% de los votos y 116 escaños. El 27,8% de los votos recogidos por el centro se repartieron entre varios partidos, mientras que el 9,7% de los votos de los partidos de derecha marcaron su innegable derrota. Un gobierno de centro-izquierda gobernaba la joven república, dirigido por Manuel Azaña, miembro de Izquierda Republicana, nombrado por el presidente de la república, Niceto Alcalá Zamora.

En junio de 1932, presionado por el PSOE y la UGT, el presidente Azaña anuló 61 reuniones de Acción Popular, el partido republicano de derechas de José María Gil-Robles, y prohibió la publicación del diario derechista *El Debate* durante dos meses. En agosto de 1932, el general José Sanjurjo Sacanell, que se había unido a la república, intentó derrocarla para restaurar la monarquía. Informado del complot, Azaña dejó que ocurriera para tener un pretexto para republicanizar el ejército.

El 19 de noviembre de 1933, las elecciones generales a las Cortes fueron ganadas por la derecha, que aprovechó la desunión de la izquierda y las instrucciones de abstención de los anarquistas. Fueron las primeras elecciones en las que las mujeres españolas pudieron votar. La CEDA, que agrupaba a los partidos de la derecha republicana bajo el liderazgo de José María Gil-Robles, quedó en cabeza con el 24,3% de los votos y 115 escaños de los 472.

▲ El rey Alfonso XIII con uniforme de húsar. (Créditos de las fotos: colección J.M. Campesino)

Los partidos de derecha obtuvieron en conjunto 242 escaños, los centristas 131 y la izquierda 99. El presidente de la República, Niceto Alcalá Zamora, debía llamar al líder del partido para formar el nuevo gobierno. Pero bajo la presión del PSOE y la UGT, Zamora recurrió a Alejandro Lerroux, líder del Partido Radical Republicano, para formar un gabinete. Sin embargo, éste no pudo hacer nada sin la CEDA de Gil Robles, que aceptó apoyarle durante unos meses, aunque su partido no tuviera ningún cargo ministerial.

Esta sumisión le valió a Gil-Robles las críticas de los monárquicos, pero también de su propio partido, lo que le llevó a pedir tres carteras ministeriales en octubre de 1934, renunciando a cualquier función de gobierno para él. La entrada de tres ministros de la CEDA en el gobierno provocó un levantamiento armado planeado por la izquierda anarquista y marxista, llamado "Revolución de Octubre", que afectó especialmente a Asturias. El movimiento fue violentamente reprimido por el general Francisco Franco Bahamonde y la política del gobierno se volvió muy reaccionaria.

En mayo de 1935, cinco miembros de la CEDA entraron en el gobierno, entre ellos Gil-Robles, que se convirtió en ministro de la Guerra. En ambos campos, el extremismo iba en aumento.

En febrero de 1934, la Falange Española, organización nacionalista y sindicalista fundada el 29 de octubre de 1933 por José Antonio Primo de Rivera, hijo del antiguo dictador, se fusionó con las JONS de Ramiro Ledesma Ramos para formar la FE de las JONS. Aunque en un principio el partido estaba en contra de cualquier represalia contra sus oponentes, su actitud cambió tras la "Revolución de Octubre".

Para reanimar a la izquierda tras la derrota de noviembre de 1933, Azaña intentó formar un frente popular. Pero además de sus partidos Izquierda Republicana y Unión Republicana, Azaña se vio obligado a acercarse al PSOE para formar una amplia coalición de izquierdas. Sin embargo, esta última se había radicalizado fuertemente desde que la tendencia socialdemócrata liderada por Julián Besteiro había sido apartada de la dirección en 1932. Después de varios meses en prisión tras los actos de violencia de octubre de 1934, Largo Caballero se convirtió en el principal dirigente del PSOE. Apodado "el Lenin español", impuso su tendencia revolucionaria en el partido. Endureciendo su discurso, Azaña consiguió formar el Frente Popular, que incluía al PSOE y al PCE el 20 de octubre de 1935.

El Frente Popular llega al poder

En enero de 1936, ante la ingobernabilidad del país, el presidente Alcalá Zamora decidió disolver las Cortes y convocar nuevas elecciones. La campaña se desarrolló en un ambiente envenenado. En la derecha, José-Antonio Primo de Rivera dijo a sus partidarios que *"si el resultado de las urnas es contrario, peligrosamente contrario, al destino eterno de España, la Falange relegará el acta de las urnas al rango de desprecio con todas sus fuerzas"*. En la izquierda, Largo Caballero advirtió que *"en caso de una victoria de la derecha en las elecciones, necesariamente tendremos que recurrir a una guerra civil abierta"*.

Las elecciones se fijaron para el 16 de febrero de 1936. Para que la CNT y la FAI no repitieran su orden de abstención como en 1933, el Frente Popular pro-

▲ Miguel Primo de Rivera, dictador de 1923 a 1930.

▲ Sanjurjo en el juicio con otros oficiales que participaron en el intento de golpe.

▼ Alejandro Lerroux en las elecciones de noviembre de 1933.

▲ Franco y Gil-Robles, Ministro de Guerra de mayo a diciembre de 1935.

▼ El Presidente Alcalá Zamora visitando una base aérea.

metió amnistiar a todos los presos de la "Revolución de Octubre de 1934", entre los que había muchos anarquistas. Por otro lado, la derecha se dividió en las urnas, con el frente nacional que quería Gil-Robles luchando por reunirse más allá de la CEDA.

Aunque los resultados de las elecciones no se conocen con precisión, las principales tendencias son indiscutibles. Fue una clara victoria para el Frente Popular, pero no masiva, ya que su resultado no alcanzó el 50%, dentro del 2% del total del voto de la derecha. Como la ley electoral garantizaba una cómoda mayoría a la coalición ganadora, la izquierda obtuvo 263 escaños de

▲ En Barcelona, los prisioneros de la "Revolución de Octubre de 1934" fueron liberados el 16 de febrero de 1936.

473, frente a 163 de los partidos de derecha. Dentro del Frente Popular, el equilibrio de poder era más favorable a la izquierda republicana que a la izquierda marxista. El gobierno formado por Azaña sólo incluía a miembros de Izquierda Republicana y Unión Republicana: Azaña no quería incluir socialistas en su gabinete, y Largo Caballero se opuso a la participación del PSOE en el nuevo gobierno, temiendo que Indalecio Prieto (el segundo del PSOE) formara una alianza socialdemócrata. La CEDA reconoció la victoria del Frente Popular, y el líder de la Falange dio instrucciones a los miembros de su partido para que no adoptaran una actitud hostil hacia el nuevo gobierno.

Nada más tomar posesión, el gobierno de Azaña decretó una amnistía para los presos de la "Revolución de Octubre" de 1934, antes de emprender la reforma agraria y lanzar la reorganización del mando militar, nombrando a generales afines a la república en puestos clave y apartando de Madrid a los considerados menos leales. En una situación económica difícil, la victoria del Frente Popular animó a los trabajadores y a los campesinos a plantear reivindicaciones que superaban ampliamente la capacidad de los sectores industrial y agrícola, multiplicando las huelgas y las ocupaciones. Pero el problema más grave para el gobierno fue el aumento del extremismo en el ala izquierda del Frente Popular, que no supo gestionar. El PSOE creía que el país estaba maduro para la revolución. Largo Caballero, cada vez más influenciado por su asesor Álvarez del Vayo, miembro de la Comintern, declaró: *"La revolución que queremos sólo puede lograrse mediante la violencia"*. Se formaron milicias en todas las organizaciones de izquierda, incluido el muy eficaz MAOC del PCE dirigido por el miembro de la Comintern italiana Ettore Vanni.

El 27 de febrero se cerraron las oficinas de Falange y al día siguiente fueron asesinados cuatro trabajadores falangistas, miembros de la CONS. El 4 de marzo, dos estudiantes falangistas fueron encontrados muertos. Un día después, la prensa falangista fue prohibida, mientras que el 11 de marzo un estudiante carlista fue asesinado a plena luz del día en Madrid. Al día siguiente, cuatro estudiantes falangistas atentaron contra el parlamentario del PSOE Luis Jiménez de Asúa. Aunque salió ileso del intento de asesinato, su oficial de escolta no tuvo tanta suerte. El gobierno reaccionó el 14 de marzo encarcelando a José-Antonio Primo de Rivera y a 2.000 dirigentes falangistas, lo que no impidió que el partido organizara una respuesta armada.

El 3 de abril de 1936, Indalecio Prieto presentó en las Cortes una moción de destitución del presidente de la República, Alcalá Zamora, que fue aprobada por 238 votos a favor y 5 en contra. El 10 de mayo Manuel Azaña le sustituyó en la presidencia de la República y nombró al gallego Santiago Casares Quiroga como presidente del Consejo. En mayo se celebraron elecciones parciales en circunscripciones consideradas de derechas, tras la anulación de las votaciones de febrero por parte de la Comisión de las Actas de las Cortes, dominada por el Frente Popular. Cabe señalar que Prieto se negó a presidir la comisión en protesta por las irregularidades que encontró. Como consecuencia del terror causado por la izquierda, la provincia de Granada, bastión de la derecha, se inclinó hacia la izquierda: de los 13 escaños en juego, todos fueron ganados por candidatos del Frente Popular, mientras que la derecha obtuvo 7 escaños en febrero y el centro 3. Estas elecciones parciales permitieron al PSOE convertirse en el primer partido de las Cortes con 99 escaños. Sin embargo, el partido siguió negándose a entrar en el gobierno, prefiriendo continuar con su dominio revolucionario mientras el país se hundía en la anarquía. La derecha republicana comenzó a desintegrarse: los más fanáticos se agruparon en la ilegalizada Falange.

En cuanto estallaron los primeros disturbios, parte del ejército comenzó a conspirar. El general Emilio Mola Vidal reunió a algunos oficiales el 8 de marzo para esbozar un embrión de revuelta basado en la UME, mientras que los militares de izquierda se reunieron en la UMRA. Los conspiradores no actuaron con discreción y es muy probable que el gobierno estuviera informado. Sin embargo, el gobierno prefirió dejar que ocurriera, como en el caso del abortado golpe de Sanjurjo, pensando que podría contener el movimiento y esperando aprovechar la situación más adelante.

El 26 de junio de 1936, Franco, que hasta entonces había rechazado todas las ofertas de los conspiradores, escribió una carta muy ambigua a Santiago Casares Quiroga, presidente del Consejo, en la que expresaba la preocupación de los oficiales por el desorden.

▲ Niceto Alcalá Zamora (izquierda), Presidente de la República, y Manuel Azaña, Presidente del Consejo.

▲ El general José Sanjurjo, instigador del abortado golpe de Estado de agosto de 1932. (Crédito de la foto: colección J.M. Campesino)

Los asesinatos y las expediciones de castigo se intensificaron en ambos bandos. En los cuatro meses que siguieron a las elecciones, nada menos que 269 personas murieron y 1278 resultaron heridas. En la noche del 12 de julio, un grupo de la Guardia de Asalto, unidad creada por el Frente Popular para protegerse de una Guardia Civil considerada demasiado derechista, detuvo al dirigente monárquico José Calvo Sotelo. A la mañana siguiente, su cuerpo fue encontrado en una zanja cerca de Madrid. Este asesinato sirvió como una descarga eléctrica: Franco reunió a los conspiradores. La revuelta militar estalla el 17 de julio en Marruecos y el 18 de julio en la España peninsular: es el comienzo de la guerra civil.

Motivos de la intervención italiana

La Guerra Civil española se convirtió rápidamente en un tema de interés internacional. En primer lugar, por necesidad, ya que ambos bandos carecían de armas y equipos desde el principio y, por tanto, recurrieron al extranjero. En segundo lugar, porque el conflicto estaba muy marcado ideológicamente e iba a servir de escenario para la expresión de todos los extremos de Europa, de derecha y de izquierda.

En cuatro días, entre el 17 y el 21 de julio, las fuerzas armadas españolas se dividieron claramente entre los dos bandos: mientras que la fuerza aérea y la marina permanecieron mayoritariamente leales al gobierno, 24 de los 40 regimientos de infantería se pasaron al bando rebelde. La Guardia de Asalto siguió siendo predominantemente leal, con 11 de los 18 grupos, mientras que la Guardia Civil se dividió entre 108 compañías leales y 109 rebeldes. El Tercio, la legión extranjera, estaba en gran parte del lado de los rebeldes, al igual que los regulares marroquíes. La balanza de poder estaba claramente del lado de los republicanos. Si la rebelión triunfó fácilmente en Marruecos, Canarias y Baleares (a excepción de Menorca), la situación fue mucho más complicada en el continente, donde la mayoría de las grandes ciudades permanecieron fieles a la república, entre ellas Madrid, Barcelona y Bilbao.

▲ Manuel Azaña y el general Francisco Franco, que dirigió la represión contra la "Revolución de Octubre de 1934".

▲ José Antonio Primo de Rivera, fundador de la Falange Española.

El gobierno dirigido por José Giral Pereira, que sustituyó a Casares, reaccionó rápidamente ordenando la disolución de las unidades rebeldes, armando a las milicias y entrenándolas para el futuro EPR. El líder de la insurrección, el general Sanjurjo, murió el 20 de julio al estrellarse el avión que debía llevarle de vuelta de Portugal a España. Privada de su líder e incapaz de ocupar las principales ciudades del continente, la rebelión necesitaba urgentemente consolidar sus posiciones, especialmente en Andalucía, repatriando las unidades militares que se encontraban en Marruecos a las órdenes del general Franco, es decir, 30.000 hombres del Tercio y regulares. Pero para ello, los nacionalistas necesitaban ayuda externa. Sólo contaban con tres transportes Fokker F.VII b3m, los cargueros Cabo Espartel y Ciudad de Algeciras, el destructor Churruca (que se pasó al bando republicano tras la primera travesía entre Ceuta y Cádiz a raíz de la sublevación de las tripulaciones) y los cañoneros Dato, Cánovas del Castillo y Lauria, estos dos últimos se pasaron al bando nacional el 18 de julio cuando se tomó Cádiz. La flota, que seguía siendo mayoritariamente leal, recibió la orden de navegar hacia el Estrecho de Gibraltar para evitar que los nacionalistas repatriaran sus tropas al continente.

El 19 de julio, el mismo día en que Giral Pereira envió un telegrama a Francia solicitando la ayuda de Leon Blum, el general Franco dio instrucciones al general de división Giuseppe Luccardi, destinado en el consulado italiano de Tánger, para que pidiera al gobierno italiano aviones de transporte. Al día siguiente, Luccardi envió tres telegramas al SIM para informar de la petición de Franco. Este último decidió dar más peso a su petición enviando al periodista Luis Bolìn, del diario monárquico ABC, a Roma vía Portugal en la tarde del día 19, para que la petición de Franco fuera refrendada por Sanjurjo. Bolìn fue recibido en la mañana del 22 de julio por el Ministro de Asuntos Exteriores, Galeazzo Ciano. Insinuando un posible acuerdo sobre la venta, Ciano le pidió que volviera al día siguiente. Pero el 23 de julio, Filippo Anfuso, secretario de Ciano, informó a Bolìn de que Italia no podía acceder a su petición, oficialmente por falta de aviones disponibles. Mientras tanto, Mussolini había leído los telegramas de Luccardi e informó a Ciano de que se negaba a ayudar a los insurgentes. Consideraba que la empresa era incierta y temía exponer a su país a una guerra abierta inmediatamente después de la invasión de Etiopía.

El 22 de julio, el general Mola reunió a los representantes de los monárquicos y les explicó las dificultades de la insurrección. Al final de la reunión, los monárquicos decidieron enviar dos delegaciones a Berlín y Roma para explicar a los gobiernos alemán e italiano los peligros de que la Francia del Frente Popular ayude al gobierno de Madrid. La misión que llegó a Roma la tarde del 24 de julio estaba formada por Luís Zeurunegui, Pedro San Rodríguez y Antonio Goicoechea, el líder monárquico en las Cortes. Este último había sido recibido por Mussolini en marzo de 1934 para buscar apoyo en armas y divisas para una posible revuelta carlista. Si la revuelta no se producía, Italia había prometido 1,5 millones de pesetas a los carlistas y había pagado al menos 500.000.

Cuando Ciano recibió a la delegación monárquica en la mañana del 25 de julio, la posición de Italia hacia los insurgentes había cambiado. De hecho, el embajador italiano en Francia, Vittorio Cerruti, envió el día 23 un telegrama cifrado para informar al gobierno transalpino de que Léon Blum estaba dispuesto a responder favorablemente a la petición de ayuda en armas y aviones del gobierno republicano. El periódico derechista *L'Echo de Paris* dio noticia el 24 de julio, y al día siguiente Ulrich von Hassell, el embajador alemán en Roma, informó a Ciano de la disposición del gobierno francés a armar a Madrid. En estas circunstancias, Goicoechea no tuvo ninguna dificultad para convencer a Ciano de que le vendiera 12 Savoia Marchetti S.81 a crédito.

Los 12 S.81 sin distintivos de nacionalidad se reunieron en el aeropuerto de Cagliari-Elmas entre el 28 y el 29 de julio y partieron hacia Nador, en el Marruecos español, el 30 de julio. Debido a los vientos en contra que aumentaron el consumo de combustible y a una preparación insuficiente, sólo nueve aviones llegaron a su destino. El avión de Angelini se estrelló en el mar. El de Mattalia se

▲ Manifestación popular ante el anuncio de la victoria del Frente Popular en las elecciones del 16 de febrero de 1936. (Crédito de la foto: Archivos Estatales).

estrelló en Argelia mientras el trimotor de Ferrari tuvo que hacer un aterrizaje forzoso en el protectorado francés en Marruecos, en la costa cerca de la desembocadura del Moulouya, a sólo 3 km de la frontera del protectorado español. Aunque los aviones y los pilotos iban disfrazados de civiles, las autoridades francesas no dudaron de su nacionalidad y la participación de Italia en el conflicto español se hizo pública al día siguiente en la prensa francesa. A partir de ese momento, no era cuestión de retroceder, sobre todo porque Italia también había enviado el 27 de julio el carguero Morandi desde La Spezia, cargado de municiones, combustible y repuestos para apoyar al grupo aéreo.

La decisión de Mussolini de intervenir del lado de los nacionalistas españoles estuvo, por tanto, estrechamente ligada a la actitud de Francia, aunque finalmente los primeros aviones extranjeros en entrar en el conflicto fueron los S.81 italianos. Temía la instauración duradera de un régimen del Frente Popular en España, que tendría como efecto el fortalecimiento del eje París-Madrid, mientras que Italia estaba aislada diplomáticamente tras las sanciones decretadas por la Sociedad de Naciones en respuesta a la invasión de Etiopía. Además, Franco prometió a Mussolini, a través de Luccardi, el establecimiento de una república fascista y un claro acercamiento diplomático en caso de victoria nacionalista, un argumento que no hay que subestimar, ya que España era un país clave para la política italiana en el Mediterráneo.

▲ Regulares marroquíes en Ceuta. (Foto: Archivo Fundación Yagüe).

▲ Fokker F.VII b/3m '20-4' antes del levantamiento de julio de 1936. (Créditos de las fotos: colección de Francisco Andreu en AviationCorner.net).

▲ El general Emilio Mola Vidal, uno de los principales instigadores del levantamiento de julio de 1936, en el campamento de Burogs-Gamonal. (Foto: Archivo Fundación Yagüe).

▲ El S.81 del Cabo Ferrari tras su aterrizaje forzoso en la costa del protectorado francés en Marruecos el 30 de julio de 1936.

▲ Parte de la tripulación comandada por el Teniente Coronel Ruggero Bonomi, que voló el S.81 a Nador el 30 de julio de 1936.

► La noticia de los aviones italianos en la portada de *L'Humanité* del 31 de julio de 1936. (Créditos: Bibliothèque nationale de France)

ACTO I:
UNA ENTRADA GRADUAL

En los primeros meses de la guerra civil y hasta la batalla de Madrid, el avance de las fuerzas nacionalistas podía hacer pensar que el conflicto terminaría rápidamente. Italia trató de prestar un apoyo decisivo a los insurgentes enviando un número creciente, aunque todavía limitado, de tropas y equipos, tanto para seguir el ritmo de Alemania como para contrarrestar la ayuda francesa a los republicanos con el fin de ganar influencia en el Mediterráneo occidental.

Los nacionalistas toman la iniciativa

Al día siguiente de la insurrección, la primera urgencia para los nacionalistas fue el traslado de todas las tropas de Marruecos a la metrópoli. El 5 de agosto, 2.500 hombres y una batería de cañones de 105 mm pudieron cruzar el Estrecho de Gibraltar bajo la protección de los cañoneros Dato y Uad Quert y del S.81 italiano, que puso en fuga al destructor republicano Lepanto.

La llegada de las tropas marroquíes a Andalucía permitió la conquista de Mérida el 8 de agosto y de Badajoz entre los días 13 y 14, asegurando el enlace con las tropas nacionalistas en el norte y el control de gran parte de la frontera portuguesa. Los nacionalistas también consiguieron importantes éxitos en Andalucía, especialmente la toma de Huelva y sus minas y la conexión con la ciudad de Granada. En el País Vasco, los insurgentes también están a la ofensiva: el 4 de septiembre, las fuerzas de Mola toman Irún, en la frontera francesa, antes de capturar San Sebastián el 15 de septiembre.

▲ Uno de los primeros 12 Fiat CR.32 de la Aviación del Tercio que aterrizó desde el Nereide en Melilla el 14 de agosto de 1936. (Familia Dequal)

Tras la conjunción de las fuerzas nacionalistas del norte y del sur, pudo comenzar la ofensiva hacia Madrid. El 3 de septiembre, los 5.000 hombres del teniente Coronel Yagüe tomaron Talavera de la Reina, en el valle del Tajo, un cruce de importancia estratégica en la marcha hacia la capital. Al día siguiente, tras la dimisión de Giral, se formó un nuevo gobierno republicano: Largo Caballero se convirtió en presidente del Consejo y ministro de Guerra, mientras que Indalecio Prieto asumió las carteras de Marina y Aviación. Por primera vez, los comunistas entraron en el gobierno. Se instó al nuevo gabinete a preparar la defensa de Madrid. El 7 de septiembre, los republicanos contraatacaron para intentar retomar Talavera, sin éxito.

El 27 de septiembre, el levantamiento del asedio al alcázar de Toledo, donde José Moscardó Ituarte resistía desde el 22 de julio con 1.000 hombres, por parte de los regulares del general José Enrique Varela tuvo un enorme impacto. A cambio, los nacionales llevaban varios días de retraso y su principal objetivo era Madrid, un objetivo estratégico y político que los republicanos mantenían firmemente, a pesar de la marcha del gobierno de Caballero a Valencia el 7 de noviembre.

El 29 de septiembre de 1936, la victoria naval nacionalista en el Estrecho de Gibraltar, conseguida con la entrada en servicio de los cruceros Canarias y Almirante Cervera en detrimento de los destructores Gravina y Almirante Ferrándiz, facilitó en gran medida el traspaso de unidades desde Marruecos y constituyó un punto de inflexión en la relación de fuerzas entre las armadas de ambos bandos.

Implicaciones nacionales e internacionales de la intervención italiana

La decisión de Mussolini de ayudar a los insurgentes españoles estuvo dictada principalmente por la rivalidad con Francia, los celos de Alemania y el prestigio nacional y personal. Los aspectos estratégicos y económicos pasaron a un segundo plano, a pesar de que el Duce era muy consciente de las ventajas que podía reportarle una victoria nacionalista y de los peligros que supondría un gobierno del Frente Popular en España.

Italia salió victoriosa de la guerra de Etiopía y Mussolini estaba convencido de que la aventura española sería corta y barata en comparación con las ventajas estratégicas que podría obtener al establecer un régimen amigo en la península ibérica. A pesar de la victoria, la guerra colonial había absorbido importantes recursos y obligado a posponer los programas de modernización de las fuerzas armadas. En este contexto poco favorable, Mussolini no se molestó en consultar o informar a su

▲ El torpedero republicano Lepanto en el Puerto de Mahón en 1935.

jefe de Estado Mayor, el mariscal Pietro Badoglio, de su decisión de intervenir en España. Más que por cuestiones presupuestarias, el SMRE temía un deterioro de las relaciones con Francia e Inglaterra, en un momento en que las relaciones de Italia con el SoN empezaban a mejorar.

El general Federico Baistrocchi, Subsecretario de Estado de Guerra y Jefe del Estado Mayor del Ejército, el único oficial de alto rango que expresó abiertamente sus reservas sobre la política de intervención en España, fue destituido el 7 de octubre de 1936 y sustituido por el general Alberto Pariani. Aunque al principio Pariani no estaba más convencido que su predecesor de los méritos de la empresa, sus buenas relaciones con el ministro de Asuntos Exteriores, Galeazzo Ciano, le permitieron adherirse a la posición de Mussolini.

El 4 de septiembre de 1936, se creó la sección "S" dentro del SIM con el objetivo de gestionar todos los aspectos de la intervención italiana en España. Ante la reticencia del personal aéreo y naval, Mussolini confió la coordinación de las operaciones al Ministerio de Asuntos Exteriores. Como Ciano no tenía experiencia en el campo militar, se apoyó en el general Mario Roatta, jefe del SIM. Este último aseguró el vínculo con el SMRE, manteniéndolo informado de todas las decisiones y pidiéndole consejo y opiniones.

La iniciativa de un acercamiento germano-italiano sobre la intervención en España fue tomada por Berlín, que envió al almirante Wilhelm Canaris a Roma para reunirse con Roatta el 4 de agosto. Sin embargo, hasta el 26 de agosto no se firmó un acuerdo entre ambas partes. En él se preveía el envío de dos misiones de asesores militares, una italiana llamada MMIS y otra alemana, a los nacionalistas. En la reunión entre Roatta y Canaris del 28 de agosto, Italia y Alemania acordaron formalmente renunciar a cualquier compensación territorial a cambio de su ayuda a los nacionales.

El encuentro entre Ciano y Hitler en Berchtesgaden, el 24 de octubre de 1936, condujo a un aumento de la ayuda prestada por ambos países a Franco. También fue una oportunidad para que el líder alemán propusiera una alianza ideológica con Roma. Sin embargo, Mussolini quería seguir jugando a dos bandas: por un lado, no quería verse superado por Alemania en cuanto a la influencia que Italia quería ejercer en España; por otro, quería que Gran Bretaña reconociera el imperio italiano en Etiopía.

El 18 de noviembre de 1936, Italia y Alemania reconocieron al Gobierno del Estado Español, dirigido por el general Franco, como el único gobierno legítimo de España.

▲ Tropas nacionalistas marchando en Irún tras la toma de la ciudad el 5 de septiembre de 1936.

▲ Milicianos entregando sus armas a los gendarmes franceses para cruzar la frontera en Irún entre el 4 y el 5 de septiembre de 1936.

▲ Milicianos atrincherados tras una barricada en San Sebastián en julio de 1936.

▼ Jinetes marroquíes del Tercio de Melilla preparándose para cruzar el Estrecho de Gibraltar.

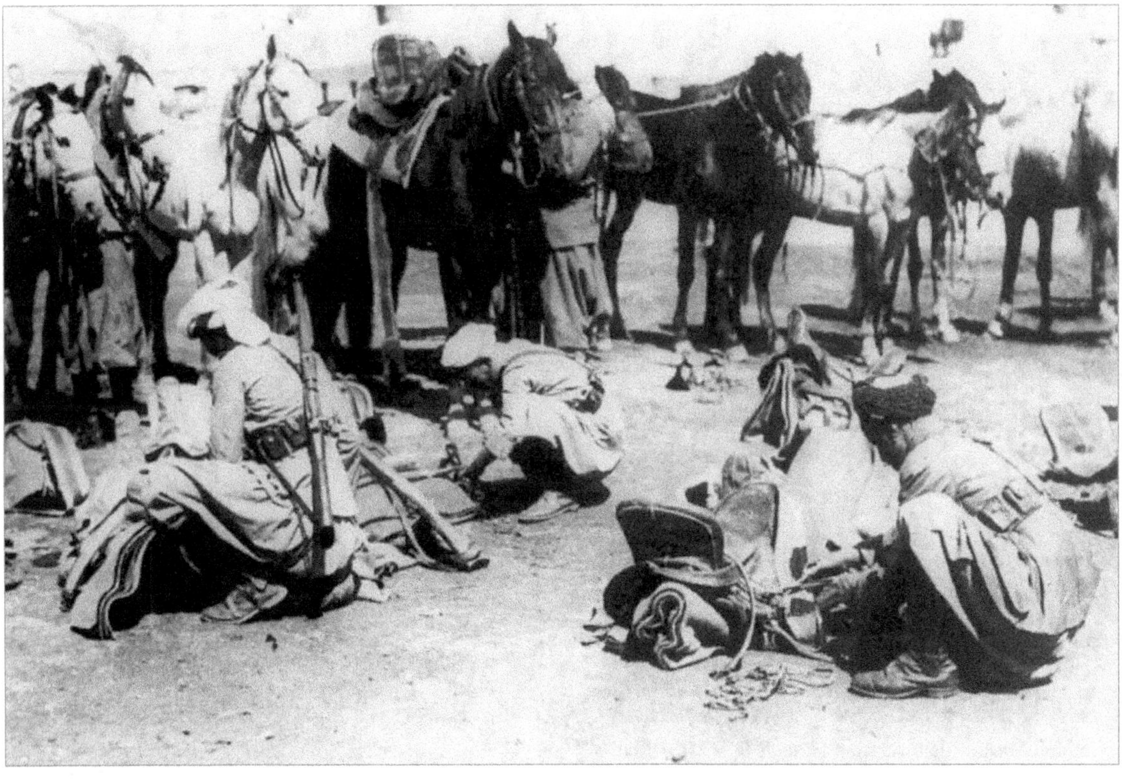

▲ General Mario Roatta, comandante de la MMIS.

Las actividades de la Misión Militar Italiana en España

Al llegar a España, las dos misiones militares comandadas por Roatta y Warlimont se reunieron posteriormente con Queipo de Llano en Sevilla y con Franco en Cáceres. Sus actividades comenzaron el 6 de septiembre. El 5 de octubre, la MMIS siguió al cuartel general de Franco en Salamanca. Las comunicaciones de la MMIS pasaban por Tánger antes de ser transmitidas al SIM, que a su vez las transmitía al Ministerio de Asuntos Exteriores y a los distintos mandos afectados. Para las comunicaciones dirigidas a Italia, Roatta adoptó el seudónimo de Colli, y el de Mancini para las intercambiadas dentro de la MMIS o hacia los españoles.

Incluso antes de la llegada de la MMIS, Franco solicitó, el 3 de septiembre, a través del mayor general Luccardi, el envío de 24 aviones de combate. Con la activación de la MMIS, las peticiones de Franco se multiplicaron y se referían al suministro de material naval para completar los buques en construcción, torpederos y submarinos. Al no poder transferir todo este material sin que lo supieran agentes de otras potencias, Roma rechazó la entrega de algunos de ellos el 22 de septiembre.

Roatta viajó a los distintos frentes para informar a Roma de la situación militar en toda la península, trazando un cuadro preciso de la organización y táctica de los nacionalistas, sus debilidades y fortalezas, los retratos de sus líderes y sus relaciones, las fuertes diferencias entre falangistas y realistas, y dando su opinión sobre la actitud de la población hacia los insurgentes en los territorios bajo su control. Tras un breve paso por Marruecos, Roatta regresó a Roma el 22 de septiembre para informar de la situación a Ciano y a los distintos estados mayores. Expresó su confianza en las posibilidades de victoria de los nacionalistas, debido a la inferioridad moral y organizativa de los republicanos, y animó a Roma a continuar y reforzar su implicación con los nacionalistas.

▲ Cabo Vincenzo Dequal, alias Paride Limonesi, vistiendo el uniforme del Tercio. (Foto: Familia Dequal). A la derecha: Coronel Ruggero Bonomi, comandante de la Aviación del Tercio.

▲ Legionarios marroquíes presenciando el desembarco del Fiat CR.32 en Melilla el 14 de agosto de 1936. (Crédito de la foto: Fuerza Aérea).

▼ Personal del XVI Gr.C. a bordo del Nereide en La Spezia el 7 de agosto de 1936. (Foto: Familia Dequal).

▲ S.81 en el aeropuerto de Nador el 4 de agosto de 1936. (Crédito de la foto: colección E. Leproni).

▼ El Nereide en Melilla el 14 de agosto de 1936. (Foto: Familia Dequal).

A su regreso a España, el 16 de octubre, Roatta fue convocado por Franco, quien le informó de que quince cargueros soviéticos cargados de armas y municiones habían atracado en Cartagena. En consecuencia, Franco pidió a Italia y a Alemania que aumentaran su ayuda material en lo que denominó una "cruzada contra el bolchevismo". La nueva situación creada por la ayuda masiva de la URSS a los republicanos obligó tanto a Italia como a Alemania a reconsiderar su política general de apoyo a los nacionalistas mientras intentaban poner buena cara en el comité de no intervención...

Nacimiento de la Aviación del Tercio

El carguero Morandi, que salió de La Spezia el 27 de julio, como se mencionó en el artículo anterior, atracó en Melilla el 3 de agosto a las 9.30 horas con el equipo necesario para apoyar al grupo de 9 aviones S.81 que habían llegado el 30 de julio y que habían estado inactivos por falta de combustible. Los trimotores podrían entonces iniciar su vigilancia del Estrecho de Gibraltar para facilitar el tránsito de las tropas nacionalistas. Para limitar las protestas internacionales, los S.81 fueron transferidos a una unidad ad hoc del Tercio de Extranjeros creada el 31 de julio, comandada por el coronel Ruggero Bonomi (alias Francesco Federigi) y denominada Aviación del Tercio. Aunque las tripulaciones eran italianas, llevaban los uniformes de la legión. El 4 de agosto, los 8 S.81 operativos fueron trasladados de Nador a Tetuán, el cuartel general de Franco, donde fueron recibidos por el general Alfredo Kindelán y Duany, comandante en jefe de la fuerza aérea nacional. Ese mismo día, 2 S.81 atacaron al destructor Almirante Valdès, obligándole a suspender el bombardeo de Larache. En la mañana del 7 de agosto, 3 S.81 realizaron su primera misión sobre España, bombardeando los Breguet XIX republicanos estacionados en Guadix, en Sierra Nevada. Ese mismo día, el trimotor de Erasi atacó sin éxito al crucero Libertad en el Estrecho de Gibraltar. El 9 de agosto, 6 S.81 fueron reasignados al aeródromo de Sevilla-Tablada para apoyar más eficazmente a las tropas de Franco. Sin embargo, tuvieron que volver a Tetuán el 12 de agosto porque toda la logística seguía allí.

▼ Fiat CR.32 en Tablada en septiembre de 1936. Lleva la inscripción "Monico Presente" en el fuselaje, en recuerdo del piloto fusilado por los republicanos. (Créditos de las fotos: familia Dequal).

▲ CR.32 del Cabo Dequal después de un aterrizaje de emergencia cerca de Portalegre, Portugal, el 31 de agosto de 1936. (Familia Dequal).

▼ Las autoridades portuguesas, aliadas de Franco, permiten la recuperación de la CR.32 de Dequal el 3 de septiembre de 1936. (Créditos de las fotos: familia Dequal).

▲ El Fiat CR.32 acaba de ser reensamblado en Nador en agosto de 1936. Obsérvese el redondel pintado en la parte inferior del ala superior.

▼ Pilotos y mecánicos a bordo del Aniene, que llegó a Vigo el 27 de agosto de 1936. (Créditos de las fotos: colección Adriano Mantelli).

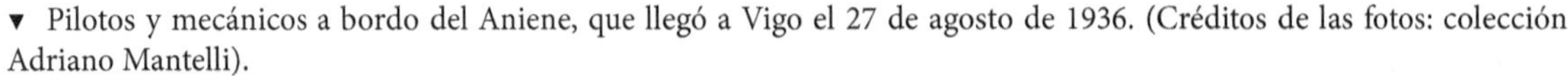

▲ Pilotos de la 2ª Escuadrilla en Talavera de la Reina a finales de septiembre de 1936. (Foto: colección Adriano Mantelli).

▼ Izquierda: Sgt. Guido Presel delante de su CR.32 en Tablada en septiembre de 1936. (Crédito de la foto: familia Dequal). Derecha: El mayor Fagnani (izquierda) y el coronel Bonomi en Tablada en octubre de 1936. (Fotos: Familia Dequal).

▲ S.81 fuertemente dañado al aterrizar en Talavera de la Reina el 18 de octubre de 1936. (Fotos: Familia Dequal).

▼ Pilotos de la 2ª escuadrilla recargando las cintas de reabastecimiento de su caza, debido a la falta de ametralladores, en el aeródromo de Talavera a finales de septiembre de 1936. (Créditos de la foto: Fuerza Aérea).

Durante la noche del 7 al 8 de agosto, un segundo buque mercante, el Nereide (antiguo carbonero español Alicantino), fondeó en La Spezia con 12 CR.32 parcialmente desmontados del XVI Gr.C, al mando del cabo. Vincenzo Dequal. Los pilotos y los mecánicos, todos voluntarios, viajaron con identidades falsas. Tras una escala en Cagliari, el buque atracó en Melilla el 14 de agosto, donde el personal fue recibido por el cónsul italiano. La decisión de enviar cazas CR.32 a los nacionales se tomó después de que las autoridades italianas fueran informadas de la entrega de Dewoitine D.372 y Potez 540 desde París al gobierno de Madrid, aterrizando el primer avión en el Prat de Llobregat el 7 de agosto.

Los CR.32, apodados "Chirri" (saltamontes) por los españoles, fueron rearmados en Nador y pintados con los colores de la fuerza aérea nacionalista: círculos negros en los laterales del fuselaje (introducidos por el general Mola el 27 de julio), una cruz de San Andrés negra en el timón (introducida el 8 de agosto por Franco) y franjas negras bajo las alas. Obsérvese que la parte inferior del ala superior estaba originalmente decorada con redondeles tricolores españoles (rojo-amarillo-índigo), probablemente para su identificación por las fuerzas navales internacionales que patrullaban el Estrecho de Gibraltar. Los 12 aviones formaron la 1ª escuadrilla de caza del Tercio. El 17 de agosto, el primer CR.32 rearmado realizó un vuelo de prueba pilotado por el S.Lt. Ceccherelli, que consiguió la primera victoria aérea italiana en la Guerra Civil española en la noche del 21 de agosto a costa del Nieuport Ni.52 C1 del capitán Antonio Martín-Luna Lesundi, que escoltaba al Potez 540 en una incursión sobre Córdoba. Mientras tanto, la escuadra comenzó su traslado a la península, al aeródromo de Sevilla-Tablada, donde aterrizaron tres CR.32 el 18 de agosto. El 21 de agosto, la Aviación del Tercio tenía 8 S.81 y 7 CR.32 en Tablada, mientras que un S.81 estaba esperando un motor de repuesto en Melilla y 5 CR.32 estaban siendo montados en Tetuán. El 22 de agosto, 2 S.81 bombardearon los depósitos de combustible de CAMPSA en Malága: el incendio duró varios días. El 24 de agosto, un S.81 fue destruido por la explosión de una bomba mientras se cargaba a bordo, matando a 3 blindados. El último CR.32 de la escuadrilla 1.a llegó a Tablada el 27 de agosto. Ese mismo día, los Fiat CR.32 se enfrentaron por primera vez a los Dewoitine D.372 sobre Guadix, derribando el avión del teniente Antonio de Haro López. La aviación italiana estuvo incesantemente activa, ya sea en apoyo terrestre a las tropas nacionalistas, atacando objetivos estratégicos en territorio republicano, buscando la superioridad aérea o atacando a los barcos enemigos. Durante la noche del 27 al 28 de agosto, el S.81 pilotado por Ettore Muti dañó al crucero Cervantes fondeado en Malága.

▲ Teniente Ceccherelli desembarcando sobre una mula en Talavera de la Reina en octubre de 1936. (Foto: familia Dequal)

El 10 de agosto, el buque comercial Aniene partió de La Spezia con 9 Fiat CR.32 a bordo, al mando del teniente Dante Olivero. Mientras el antiguo buque comercial Ebro, que acababa de pasar a bandera italiana, hacía escala en Cagliari, los italianos decidieron sustituir a su tripulación española por temor a que desviaran el barco a un puerto republicano. Varado durante una semana en Cagliari, el Aniene no llegó a Vigo (Galicia) hasta el 27 de agosto con su carga de 9 CR.32. Los aviones y el personal fueron trasladados por tren a Sevilla para ser desplegados en el campo de Tablada el 30 de agosto para formar la 2ª escuadrilla de caza del Tercio.

El mismo 27 de agosto, 3 CR.32 al mando del Tte. Monico fueron trasladados a Cáceres, Extremadura. El 31 de agosto, los CR.32 pilotados por el Tte. Monico y el sargento Castellani fueron derribados sobre Oropesa, no lejos de Madrid, en un combate con 3 Dewoitine D.372, un Hawker Furry y unos Nieuport Ni.52 de la escuadrilla España (también llamada escuadrilla Malraux) con base en Talavera de la Reina. Mientras Castellani lograba hacer un aterrizaje de emergencia en tierra de nadie cerca de Villanueva de la Serena y conseguía llegar a pie a las líneas nacionalistas, Monico fue capturado por los republicanos y fusilado. Fue el primer piloto italiano que murió en esta guerra. La formación italiana debería haber sido completada por el 3 CR.32 dirigido por el Cabo Dequal, pero se vieron obligados a realizar un aterrizaje forzoso en dirección a Portalegre, Portugal, debido a un error de navegación causado por un fallo de la brújula mientras se dirigían a Cáceres. Después de este episodio, Bonomi les ordenó volar en una formación de al menos seis aviones.

El 9 de septiembre, para apoyar a las tropas nacionales que defendían Talavera de la Reina, se enviaron a Cáceres 9 CR.32 de la escuadrilla Dequal de 1.a y 3 S.81. El 11 de septiembre, en el espacio de tres salidas, los CR.32 derribaron siete aviones republicanos: un Dewoitine 372, dos Breguet XIX y cuatro Ni.52. Se dice que este episodio es el origen del apodo "Cucaracha" dado al grupo de combate de Dequal y del emblema adoptado a partir de abril de 1937 por los combatientes italianos en España, que representa una cucaracha con un fez rojo y tocando un saxofón del que sale un avión republicano. El combate fue seguido desde tierra por los legionarios marroquíes que, emocionados por la habilidad de los pilotos italianos, compararon sus monturas con el ágil insecto. Otra explicación es la popularidad de la canción revolucionaria mexicana en Italia, especialmente gracias a la película "Viva Villa" presentada en el Festival de Cine de Venecia de 1934.

El 6 de septiembre se incorporó a la Aviación del Tercio el futuro as español Joaquín García Morato Castaño, seguido el día 11 por el capitán Ángel Salas Larrazábal y el 15 por el teniente Julio Salvador Díaz Benjumea. A pesar de las victorias sobre los republicanos, cuyo nivel de formación de los pilotos mercenarios era mucho más dispar, el número de cazas Fiat disminuyó debido a las pérdidas en combate, los accidentes y los errores de navegación. El 17 de septiembre, 9 CR.32 permanecían en Cáceres y 6 en Tablada, de los cuales sólo unos pocos estaban operativos.

El 24 de septiembre, los cazas italianos se apostaron en el aeródromo de Prado del Arca (Talavera de la Reina) para dar una cobertura más eficaz a la ofensiva nacional para levantar el asedio al alcázar de Toledo. El 25 de septiembre, los CR.32 derribaron dos Ni.52, un Loire 46, un Breguet XIX y un Potez 540, mientras que la aviación nacional perdió un Junkers 52. El 27 de septiembre, el Fiat escoltó a los S.81 que habían ido a bombardear posiciones de artillería republicana en los alrededores de Toledo. Con la pérdida de dos Breguet XIX, un Potez 540 y un Dewoitine 372 entre el 27 y el 28 de septiembre, la aviación republicana se vio obligada a suspender casi toda su actividad durante quince días en el sector de Madrid.

Sin embargo, el ataque republicano a Oviedo, Asturias, obligó a los nacionalistas a retrasar su marcha sobre Madrid. Entre el 16 y el 17 de octubre, se enviaron 3 CR.32 y 3 S.81 a la provincia de León. En dos días, los S.81 destruyeron siete aviones en el aeródromo de Guajón y apoyaron a las columnas nacionalistas que lograron levantar el sitio de Oviedo el 17 de septiembre.

▲ Potez 540 "Aquí te espero" derribado por el capitán Ángel Salas y el sargento mayor Gianlino Baschirotto el 25 de septiembre de 1936.

El 12 de octubre, el carguero Ciudad de Mesina, procedente de La Spezia, atracó en Cádiz donde desembarcó 12 CR.32s. Una vez rearmados, los nuevos cazas se incorporaron a las dos escuadras existentes y se enviaron en dos oleadas de 6 a Talavera de la Reina el 18 y el 21 de octubre. El cabo Carlo Albero Maccagno tomó formalmente el mando de la 2ª escuadrilla de caza. Al mismo tiempo, llegaron a España 21 biplanos de reconocimiento IMAM Ro.37: 10 fueron desembarcados desde el Aniene en Vigo el 30 de septiembre y 11 en Sevilla el 20 de octubre. Seis Ro.37 fueron entregados a la Fuerza Aérea Nacionalista, mientras que los demás formaron los escuadrones 1 y 2 de OA bajo el mando del cabo. Raffaello Colacicchi y Sforza. La 1ª OA de la sección comenzó a operar desde el aeródromo de Talavera a mediados de octubre.

El 21 de octubre, el comandante Tarciso Fagnani llegó a Talavera para sustituir a Dequal como comandante de las unidades de combate. El 3 de noviembre, ordenó el redespliegue de los 14 CR.32 operativos al aeródromo de Torrijos, mucho más discreto que el de Talavera y sometido a frecuentes ataques aéreos republicanos, entre ellos uno realizado por cuatro bombarderos soviéticos Tupolev SB-2 el 28 de octubre en la que fue su primera misión en suelo ibérico. La llegada de los aviones rusos y de sus bien entrenados pilotos cambió el equilibrio de poder entre los republicanos y los nacionalistas.

▲ El general José Millán Astray, comandante del Tercio, se reúne con el coronel Bonomi y Dequal en Cáceres el 24 de septiembre de 1936. (Fotos: Familia Dequal).

Llegada de las primeras unidades terrestres italianas

Transportados junto con los CR.32 del teniente Dante Olivero a bordo del buque comercial Aniene, los primeros cinco tanques L3 italianos desembarcaron en Vigo el 27 de agosto de 1936. Enviados a Valladolid con personal de instrucción italiano, formaron un pelotón al mando del teniente Julio Tomariz Martel Sabra. Tras un mes de entrenamiento, fueron desplegados en el frente de Guipúzcoa, donde entre el 13 y el 15 de septiembre participaron en la ocupación de San Sebastián con las tropas del general Mola.

El 29 de septiembre, en Vigo, el vapor Ciudad de Bengasi desembarcó otros 10 tanques L3, incluyendo 3 lanzallamas, 38 cañones 65/17, 15 oficiales, 149 suboficiales y soldados, 4 camiones, 4 radios y un coche. Incorporadas al Tercio, estas fuerzas formaron el rgpt. italo-español en una compañía de 15 tanques L, 7 baterías de 65/17 en 4-6 cañones cada una, divididas en 2 grupos, 3 secciones antitanques de 65/17 en 2 cañones cada una y un pelotón de radio.

El 18 de octubre, esta unidad mixta fue revisada por Franco y el general Roatta antes de ser enviada al sector Torrijos-Talavera, a excepción del 7º y 8º btr. que fueron a la zona de Ávila. Durante la marcha hacia Madrid, las tropas mixtas fueron asignadas a la agrupación Yagüe, en el ala izquierda de la fuerza de José Enrique Varela. Al amanecer del 21 de octubre, el I y II gr. de la 65/17 participaron en la preparación artillera, disparando los primeros proyectiles italianos de la Guerra Civil. La compañía de tanques L3 atacó unidades republicanas en el sector de Valmojado y luego avanzó sobre Navalcarnero, a 30 km al suroeste de Madrid, donde varios cientos de soldados republicanos fueron hechos prisioneros. El 24 de octubre, la columna de caballería del coronel Monasterio Ituarte, apoyada por la agrupación carros-artillería (es decir, la compañía L 3 y un grupo de 65/17), tomó los pueblos de Borox y Esquivias, y luego Seseña el 25 de octubre, cortando la carretera Madrid-Aranjuez.

▲ Los primeros L3 que llegaron a España circulando por la calle Loyola de San Sebastián en septiembre de 1936.

▲ El vapor Ciudad de Bengasi, que desembarcó el contingente italiano en Vigo el 29 de septiembre de 1936.

▼ Rodolfo Olivieri posando en su CV 35 en Navalcarnero en octubre de 1936.

En la mañana del 29, los republicanos contraatacaron con el apoyo de una compañía de 15 vehículos blindados T-26 soviéticos comandados por el intendente Paul Matisovitch Arman. Inicialmente lograron penetrar en Seseña antes de tener que retirarse bajo el fuego de los cañones 65/17 del I Gr. Los nacionalistas perdieron un L3 mientras que los republicanos dejaron tres tanques en tierra, dos de los cuales fueron recuperados la noche siguiente.

El avance nacionalista se reanudó el 31 de octubre. El grupo Carros-Artillería, asignado a la columna Asensio, tomó Parla. El 1 de noviembre, transferido a la columna Barrón, el grupo llegó a Fuenlabrada, que fue objeto de un contraataque republicano el día 3, rechazado con el apoyo de los cañones del I Gr.

Las unidades mixtas italo-españolas participaron en la primera batalla de Madrid, del 7 al 9 de noviembre, y en la segunda, a partir del día 15, contra el campus universitario, donde la compañía L 3 fue la primera unidad nacionalista en penetrar. El 26 de noviembre, al considerarse terminada la

▲ Efectos de un bombardeo nacionalista en la Puerta del Sol, Madrid, noviembre de 1936.

▲ Grupo de milicianos esperando para salir hacia Mallorca en el Puerto de Mahón en agosto de 1936. (Créditos de las fotos: colección Branguli en abc.es).

fase de adiestramiento de las unidades mixtas, el personal italiano se retiró, dejando el equipo a los españoles. La tercera ofensiva contra Madrid, del 29 de noviembre al 15 de diciembre, fue un nuevo fracaso para los nacionalistas.

El caso de las Islas Baleares

En las Islas Baleares, la revuelta del 18 de julio de 1936 fue un éxito en Mallorca e Ibiza, mientras que Menorca permaneció fiel al gobierno. Como punto estratégico para el control del tráfico en el Mediterráneo occidental y entre Francia y África, las Islas Baleares eran un elemento importante para la política italiana en la región.

Sin embargo, la partida aún no había terminado porque, con el control de Menorca, las fuerzas republicanas disponían de una base aeronaval, mientras que los insurgentes no podían esperar ningún apoyo de la península porque los republicanos tenían ventaja en el mar y en el aire. A partir del 23 de julio, la Aeronáutica Naval, cuya mayoría permaneció leal al gobierno, bombardeó las islas de Cataluña y Menorca controladas por los nacionalistas con 11 Savoia S.62, 4 Dornier Wals y los pocos Macchi M.18 operativos.

Sabiendo que no podrían resistir un desembarco de las fuerzas leales, los insurgentes de Mallorca pidieron ayuda a Italia. El 2 de agosto, Juan Thomas y Martín Pon Rodelló abandonaron la isla en un barco alemán con destino a Roma. Aunque sus primeros intentos fueron infructuosos, las cosas cambiaron después de que Italia obtuviera el consentimiento no oficial de Gran Bretaña para enviar ayuda militar a las Islas Baleares, ya que el embajador italiano en Londres, Dino Grandi, había convencido al influyente Winston Churchill de que Roma no tenía reclamaciones territoriales sobre el

▲ El acorazado Jaime I en Tenerife el 5 de mayo de 1936. Apoyó el desembarco republicano en Mallorca en agosto.

archipiélago. Así, Thomas y Pon consiguieron llegar a un acuerdo el 13 de agosto para la compra de tres hidroaviones Savoia S.55, tres cazas Fiat CR.32, tres baterías antiaéreas de 20 mm y municiones.

Mientras tanto, dos formaciones navales republicanas zarparon de Valencia y Barcelona el 7 de agosto. Llevaban una fuerza expedicionaria de 2.000 hombres para el primero y 6.000 para el segundo, comandados respectivamente por el Capitán de la Guardia Civil Manuel Ulibarri y el Capitán Alberto Bayo Giroud. La formación que partió de Valencia ocupó la isla de Formentera el 8 de agosto e Ibiza el 9, mientras que los 6.000 hombres de Bayo desembarcaron entre Cuevas del Drach y Porto Cristo, en la costa oriental de Mallorca, el 16 de agosto, tras una parada en Port Mahon para preparar el asalto. Fueron apoyados por aviones de la Aeronáutica Naval, el acorazado Jaime I, el crucero Libertad, los destructores Almirante Miranda y Almirante Antequera, los submarinos B-2, B-3 y B-4 y buques de apoyo. Pronto los republicanos ocuparon una cabeza de puente de 30 km de ancho y 5 km de profundidad.

Los insurgentes necesitaban apoyo inmediato para mantener Mallorca. Nada más llegar a la isla, el 19 de agosto, tres S.55 X del 31º San al mando del teniente Petrali y procedentes de Orbetello vía Cagliari bombardearon la cabeza de playa republicana y los barcos de apoyo, dañando dos de ellos. El 21 de agosto, siete S.62 de la Fuerza Aérea Republicana procedentes de Puerto Mahón (Menorca) dañaron el S.55 de Petrali mientras estaba fondeado en la bahía de Palma. Para evitar el mismo destino, los otros dos S.55, para entonces desprovistos de munición, regresaron a Orbetello el 26 de agosto, mientras que las reparaciones del tercer avión se completaron el 9 de septiembre.

Tras una pausa debida a la acción del S.55, los republicanos reanudaron su avance el 23 de agosto antes de detenerse el 26 para reagruparse, cuando estaban casi listos para romper las líneas nacionalistas. El gobernador militar de la isla, el coronel Díaz de Freijó, no creía en las posibilidades de resistencia de sus 5.000 hombres y quería negociar con los republicanos. Pero el líder local de la Falange, Alfonso de Zayas y de Bobadilla, que quería creer en el éxito de los insurgentes, pidió a Sainz Rodríguez que enviara un asesor militar italiano. Esta petición fue apoyada el 24 de agosto por el C.F. Carlo Margottini, comandante del destructor Malocello, que había llegado a Palma de Mallorca el 16 de agosto para relevar al Maestrale. Oficialmente, la presencia de los barcos transalpinos se justificaba para proteger a los ciudadanos italianos en la isla. En la noche del 19 de agosto, la fuerza naval italiana se completó con la llegada del crucero Fiume.

▲ El S.55 X del Tte. Petrali en reparación en Mallorca.

▲ Arconovaldo Bonacorsi, el miembro de la MVSN elegido por Mussolini para ser consejero militar en Mallorca.

▼ Los Macchi M.41 recién montados en el muelle del puerto de Palma de Mallorca a finales de agosto de 1936. La insignia nacionalista aún no ha sido colocada en el fuselaje y la aleta (Créditos de la foto: colección Aymeric López).

Mussolini, consciente de la importancia estratégica del archipiélago para Italia, y al mismo tiempo deseoso de no ofender a Franco, optó por enviar al jefe de escuadra Arconovaldo Bonacorsi, miembro del MVSN, en lugar de un oficial del ejército. Bonacorsi, apodado Conde Rossi por los españoles, llegó a Mallorca el 26 de agosto de 1936 a bordo de un Cant Z.506, acompañado por el Mag. Leone Gallo, que tomó el mando de la fuerza aérea. Tras una reunión con Zayas, Bonacorsi formó una unidad de voluntarios llamada "Los Dragones de la Muerte" y dirigió incursiones contra la cabeza de puente republicana en Porto Cristo y San Severa. En la noche del 27 de agosto, el carguero averiado Emilio Morandi atracó en Palma de Mallorca. Llevaba a bordo 3 Fiat CR.32, 3 Macchi M.41 bis, 300 hombres y 12 cañones Breda 20/65. Desembarcados durante la noche, los cazas fueron transportados al aeródromo de Son San Juan, situado a 8 km del puerto, y el primero fue montado en pocas horas. El 28 de agosto, a las 12:30, el sargento Guido Carestiato despegó con el CR.32, que había sido levantado durante la noche, para ametrallar a las tropas republicanas y a los 6 S.62 anclados en Cala Morlanda. Dañó cuatro de ellos antes de derribar un quinto cerca de Punta Amer, mientras que una hora más tarde, el Cabo De Agostinis, a bordo del mismo CR.32, atacó a dos S.62 inmediatamente después de su despegue en la bahía de Porto Cristo. Uno de ellos logró escapar mientras que el otro se vio obligado a realizar un aterrizaje forzoso. Todos los aviones desembarcados del Morandi estaban operativos al cabo de dos días y a partir de entonces realizaron una serie de misiones contra la cabeza de playa republicana y objetivos navales.

El 30 de agosto, 3 Savoia S.81 comandados por el Tte. Los Palazzolo fueron desplegados en Palma de Mallorca para llevar a cabo incursiones contra Menorca y la costa catalana. En la noche del 1 de septiembre, las tres máquinas dañaron al transatlántico Marqués de Comillas, que tuvo que ser remolcado a Puerto Mahón. Al día siguiente, la ciudad de Cádiz fue golpeada frente a Punta Amer. El 3 de septiembre, un M.41 y un S.81 atacaron al submarino B-3 que llevaba unos días estacionado frente a Mallorca para informar a los republicanos de los movimientos de las tropas nacionalistas. Aunque dañado, el submarino logró sumergirse para evitar el ataque.

Durante la noche del 3 al 4 de septiembre, Alberto Bayo comenzó a retirar sus tropas de la cabeza de puente, que estaba cubierta por la artillería del Jaime I y del Libertad. Aunque Bonacorsi podría haberse atribuido el mérito de la retirada republicana, ésta se debió en gran medida a la actividad de

▲ Personal y mascota de la unidad de caza de Baleares delante del CR.32 en Son San Juan en septiembre de 1936 (Crédito de la foto: Ejército del Aire).

la aviación italiana y a la impaciencia del gobierno republicano por la falta de resultados en Mallorca, cuando necesitaba refuerzos para contrarrestar la ofensiva nacional en el valle del Tajo. Los republicanos evacuaron Cabrera el 12 de septiembre, Ibiza el 14 y Formentera.

La retirada de los republicanos obligó a Ciano a abandonar su deseo de interferir en los asuntos políticos de Mallorca y a renunciar a la ocupación de Menorca, por temor a la reacción de Londres. Bonacorsi se vio obligado a regresar a Roma en diciembre de 1936, dejando en Mallorca una mala imagen por haber sido cómplice de los actos represivos de la Falange. Más de 1.000 opositores fueron condenados a muerte sin juicio, o tras un juicio simulado. Roma, consciente de estas acciones, permitió que esto sucediera.

▲ S.62 republicanos ametrallados por los Fiat CR.32 y varados en Porto Cristo (Foto: colección Aymeric López).

▼ Sargento Guido Carestiato delante de un CR.32 en el aeródromo de Son San Juan a finales de agosto y principios de septiembre de 1936. El murciélago pintado en el fuselaje es del escudo de Palma de Mallorca.

▲ Personal italiano posando delante de un cañón Breda 20/65 en el puerto de Palma de Mallorca (Foto: Aymeric López).

▼ Savoia S.81 en vuelo sobre Mallorca en septiembre de 1936. (Crédito de la foto: Aeronautica Militare).

ACTO II:
AUMENTAR LA AYUDA EXTERIOR

Tras la formación de las brigadas internacionales y la intervención directa de la URSS en el conflicto junto a la república, el apoyo italiano a los nacionalistas se intensificó en aire, tierra y mar.

La entrada de los soviéticos y la mayor participación de Italia

En el momento del levantamiento de julio de 1936, la URSS adoptó una postura muy cautelosa, ya que Stalin temía que la intervención rusa arruinara sus esfuerzos por estrechar lazos con Francia e Inglaterra para frenar el imperialismo alemán. Inicialmente dejó que la Comintern se encargara de la ayuda humanitaria a los republicanos, limitándose a recoger información para evaluar la situación. Trotsky, entonces en el exilio, acusó a Stalin de traicionar la revolución española. Tras la visita de una delegación del PCE a Moscú a finales de agosto, el gobernante del Kremlin decidió intervenir activamente en el conflicto español, consciente de que manteniéndose al margen, la URSS perdería credibilidad ante los partidos comunistas extranjeros.

El 21 de agosto de 1936, Marcel Rosenberg, antiguo vicesecretario del SoN, fue enviado a Madrid como embajador soviético. Le acompañaban muchos oficiales del Ejército Rojo, como el general Ian Karlovich Berzin, antiguo jefe de inteligencia, Vladimir E. Goriev, agregado militar, Nikolai Kuznetsov, agregado naval, y Yakov Smushkevich como asesor de la fuerza aérea. Mijail Koltsov, conocido corresponsal de Pravda, y los cineastas Roman Karmen y Boris Makadeyev fueron enviados a la

▲ Llegada de legionarios italianos a Cádiz a bordo del transatlántico Lombardia el 1 de enero de 1937. (Colección Bruno Dalpiaz).

▲ Largo Caballero se dirige a los milicianos en la Sierra de Guadarrama. Sus visitas en este frente le valieron una gran popularidad y le ayudaron a convertirse en Presidente del Consejo el 4 de septiembre de 1936. (Foto: Archivos Estatales)

▼ El carguero soviético Kursk llega al puerto de Alicante el 3 de noviembre de 1936.

zona para dar a conocer el conflicto en la URSS. Siguiendo la información proporcionada por el NKVD sobre la crítica situación de la república, las autoridades militares soviéticas prepararon un plan de ayuda de emergencia llamado Operación X, que se completó el 14 de septiembre. El 13 de septiembre, Juan Negrín, ministro de Economía del Gobierno español presidido por Largo Caballero desde el 4 de septiembre, aprobó un decreto que le autoriza a tomar las medidas necesarias para salvaguardar el oro del Banco de España. Trasladadas inicialmente a Cartagena, las reservas de oro y plata fueron enviadas a la URSS, con un total de 510 toneladas de metales preciosos por valor de 518 millones de dólares a precios de 1936. Esta suma, descargada en Odesa el 2 de noviembre, debía servir para pagar toda la ayuda proporcionada por Moscú, que había sido muy exagerada. El 26 de septiembre, un primer carguero cargado de armas y municiones, el Campeche, partió de Feodosia hacia Cartagena, donde atracó el 4 de octubre. El 12 de octubre, el carguero Komsomol desembarcó 50 tanques T-26 en Cartagena. A partir de octubre, la ayuda material soviética a la república fue masiva, de modo que el 20 de diciembre la fuerza aérea republicana contaba con 30 Tupolev SB-2 Katiuska, 31 Polikarpov R.5 Rasante, 40 Polikarpov I-15 Chato y 31 Polikarpov I-16 Mosca. En el último trimestre de 1936, 106 tanques T-26, 40 cañones autopropulsados FAI, BA-3 y BA-6 aterrizaron en Alicante y Cartagena.

Tras la intervención de la URSS en el bando de la república, Italia y Alemania se vieron obligadas a revisar su política de ayuda a los nacionalistas, que hasta entonces había sido bastante limitada y prudente. En cuanto a las relaciones internacionales, la situación era bastante delicada, ya que los tres países, al igual que Francia e Inglaterra, eran miembros del comité de no intervención. Como ya hemos visto, el encuentro entre Hitler y Ciano en Berchtesgaden el 24 de octubre de 1936 condujo a un refuerzo de la ayuda prestada por Berlín y Roma a los nacionalistas. El reconocimiento del gobierno de Franco por parte de Alemania, el 18 de noviembre, no dejó lugar a dudas de que Mussolini y Hitler estaban plenamente comprometidos con el Caudillo.

El 28 de noviembre, Italia firmó un acuerdo secreto con los nacionalistas, del que se informó inmediatamente a Alemania. A pesar de las reservas de Hitler, Mussolini decidió en una reunión celebrada el 6 de diciembre en el Palazzo Venezia enviar unidades operativas a España. Los tres jefes de Estado Mayor (el general Pariani por el Ejército, el almirante Cavagnari por la Marina y el general Valle por el Ejército del Aire), el general Roatta, que había regresado de España para la ocasión, Ciano y el konteradmiral Canaris por Alemania. Esta reunión tuvo lugar tras el fracaso de la segunda ofensiva nacionalista sobre Madrid y mientras la tercera, que

▲ El general José Miaja, encargado de la defensa de Madrid. (Créditos de las fotos: Archivos Estatales).

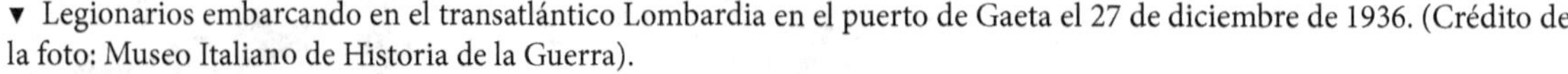

▲ Entrenamiento preliminar de los voluntarios en Cava dei Tirreni entre el 7 y el 27 de diciembre de 1936. (Foto: Archivo Histórico Provincial de Bolzano).

▼ Legionarios embarcando en el transatlántico Lombardia en el puerto de Gaeta el 27 de diciembre de 1936. (Crédito de la foto: Museo Italiano de Historia de la Guerra).

▲ Legionarios del 3ᵉʳ cp. de la 535 bis btg. Tempesta de la Div. Dio lo vuole (Si Dios quiere) en el remolcador que los llevó a bordo del Lombardia en el puerto de Gaeta el 27 de diciembre de 1936. (Foto: Museo Italiano de Historia de la Guerra).

▼ Vista de Cádiz desde la popa del Lombardía el 1 de enero de 1937. (Crédito de la foto: Museo Italiano de Historia de la Guerra).

llevaba ocho días en marcha, no daba señales de llegar a una conclusión favorable para los insurgentes. Roatta era consciente de que las fuerzas nacionalistas no eran suficientes para doblegar a los republicanos. La Junta de defensa organizada por el general Miaja había conseguido organizar una sólida defensa de la capital, ayudada por la entrada de las brigadas internacionales formadas por la Comintern. Mussolini, irritado por la conducción de las operaciones de Franco, que consideraba demasiado tímida, quería acelerar el ritmo para concluir la guerra lo antes posible. En consecuencia, en el acta de la reunión del 6 de diciembre se especifican las medidas a tomar para reforzar la ayuda de Italia a los nacionalistas: en primer lugar, combatir el tráfico marítimo hacia los puertos republicanos con medios navales y aéreos, y en segundo lugar, reforzar el apoyo aéreo a las tropas de tierra. Mientras que estos dos puntos fueron acordados por unanimidad entre Roma y Berlín, la cuestión de las unidades terrestres era más delicada. Aunque Roma quería enviar dos divisiones, una italiana y otra alemana, esta propuesta encontró poco apoyo en Berlín, excepto por parte de Göring. A Alemania le preocupaban sobre todo los beneficios económicos de la guerra y no quería perjudicar el esfuerzo de rearme que había emprendido desviando demasiado material a la Península Ibérica. Sin embargo, Mussolini decidió ir solo en la cuestión del envío de un cuerpo expedicionario. El Estado Mayor italiano quería renunciar al envío de refuerzos a trompicones y exigía una intervención masiva para influir en la conducción de las operaciones. Aunque al final de la reunión, el 6 de diciembre, seguían existiendo muchas diferencias de opinión, se aclaró el reparto de tareas entre las fuerzas aéreas alemanas e italianas. El primero debía concentrarse en el bombardeo, mientras que el segundo debía asegurar la superioridad aérea y las operaciones en las Islas Baleares.

El 7 de diciembre, Mussolini nombró a Roatta para comandar todas las fuerzas terrestres y aéreas italianas en España, excepto las Islas Baleares. Hay que señalar que en todo lo relativo a la intervención en España, Pietro Badoglio, jefe del Estado Mayor, siguió estando al margen de todas las

▲ Carretera en Cádiz que conduce al Cuartel de Infantería, utilizada el 2 de enero de 1937 por los legionarios que desembarcan de Lombardía. (Crédito de la foto: Museo Italiano de Historia de la Guerra).

decisiones y sólo fue informado del mínimo necesario. Ese mismo día, Roatta informó al Jefe de Estado Mayor de la MMIS, el coronel Emilio Faldella, de la voluntad de Roma de enviar oficiales, suboficiales y soldados rasos a España para entrenar y supervisar unidades mixtas italo-españolas. Como el volumen de trabajo necesario para la formación de estas unidades para la operación de la OMS superaba ampliamente las posibilidades de un gabinete ministerial, se encargó al SMRE la organización del transporte, la recogida de suministros, la gestión de las nóminas, la elaboración de reglamentos administrativos, la cuestión de la comunicación con las familias de los muertos y heridos y la censura. El 9 de diciembre, Faldella presentó a Franco la propuesta italiana para la formación de las unidades mixtas. Aunque no estaba muy entusiasmado, Franco no podía negarse, ya que las unidades mixtas de menor rango habían actuado muy bien en las operaciones de noviembre alrededor de Madrid. Inicialmente, Franco exigió que Italia se limitara a enviar comandantes de compañía y pelotón para que las unidades de mayor nivel fueran comandadas por españoles. Pero el 15 de diciembre, Italia consiguió que los comandantes de brigada y algunos comandantes de regimiento y batallón fueran transalpinos. El 10 de diciembre, mientras las negociaciones estaban en marcha, Mussolini ordenó al jefe de la sección "S" del Ministerio de Asuntos Exteriores, el embajador Pietromarchi, que enviara 3.000 voluntarios a la península ibérica lo antes posible. A Faldella le correspondió dar la noticia a Franco, que no ocultó su disgusto por no haber participado en la decisión, pero que, sin embargo, aceptó la oferta y decidió repartir estos voluntarios entre las banderas del Tercio Extranjero y los regimientos de infantería españoles. Franco no podía permitirse rechazar la ayuda de Mussolini: sabía que necesitaba urgentemente hombres para la ofensiva sobre Madrid. Pero, al mismo tiempo, no quería dar la impresión de estar bajo las órdenes de Alemania e Italia. El 25 de diciembre, las formaciones de la Falange y de los Requetés se pusieron a las órdenes de los mandos militares, que les impusieron la misma disciplina y normas que a las unidades regu-

▲ Multitud saludando a los legionarios en la ruta Cádiz-Sevilla-Huelva el 5 de enero de 1937. (Crédito de la foto: Museo Italiano de Historia de la Guerra).

lares del ejército nacional. El 12 de diciembre, a su regreso de Italia, Roatta habló con Franco. Juntos decidieron crear dos brigadas mixtas italo-españolas. En cuanto a los 3.000 voluntarios que quería Mussolini, serían colocados en compañías autónomas del Tercio. Para cada una de las dos brigadas mixtas, Italia debía aportar 130 oficiales, 150 suboficiales y 1.600 soldados, la mayoría de ellos especializados. El 18 de diciembre, los primeros 3.446 voluntarios del CCN embarcaron en el puerto de Gaeta en el transatlántico Lombardia. Las motivaciones de los voluntarios eran ideológicas, ya que los nacionalistas eran vistos, a través de la propaganda, como un baluarte contra el comunismo y el anarquismo, pero también por el beneficio económico, el gusto por la aventura y, en el caso de los oficiales, por el ascenso. El 14 de enero de 1937, Hermann Göring llegó a Roma para discutir cómo ayudar a Franco. Durante la reunión en el Palazzo Venezia con Mussolini, Ciano, Pariani, Cavagnari y Valle, ambas partes reafirmaron su voluntad de apoyar a los nacionalistas, aunque limitando su contribución para no provocar un conflicto europeo. Göring les aseguró que Alemania proporcionaría más equipamiento y personal especializado, pero no tropas de combate. Mussolini se debatía entre su deseo de que las tropas alemanas apoyaran a los nacionalistas y su temor a la creciente influencia del Reich en el Mediterráneo. Al final, fue el segundo sentimiento el que prevaleció, y el Duce no insistió en enviar tropas a Göring. Los dos hombres decidieron informar a Franco de las decisiones tomadas en esta reunión, incluyendo un inventario de las tropas y el equipo que se enviaría en breve. Si el flujo de refuerzos enviados desde Italia se mantuvo bastante bajo hasta noviembre de 1936, las cosas se aceleraron a partir de mediados de diciembre. Entre el 18 de diciembre de 1936 y el 18 de febrero de 1937, llegaron a España 48.823 voluntarios, de los cuales 29.006 de la MVSN y 19.817 del Ejército. El envío de un número tan elevado de hombres en el espacio de dos meses estuvo motivado por los debates en curso en el Comité de No Intervención sobre la cuestión de los voluntarios extranjeros.

Formación de las primeras unidades terrestres italianas

El 27 de diciembre de 1936, Roatta pidió a Franco permiso para formar batallones (banderas) exclusivamente italianos. Aunque el Caudillo estaba en contra del uso de unidades extranjeras para no reclamar propaganda republicana, se vio obligado a aceptar, dada la imperiosa necesidad del ejército nacionalista de formar reservas. Con la creación de las unidades italianas, Mussolini se puso en posición de tener más influencia en las decisiones del mando nacionalista. Los 49.000 hombres, todos voluntarios, enviados a España entre diciembre de 1936 y febrero de 1937 permitieron formar cinco brigadas, la división de infantería Volontari del Littorio y varias unidades menores. Los soldados iban acompañados de una gran cantidad de equipo, principalmente porque las bestias de carga habían sido sustituidas por vehículos. Para su transporte, la Regia Marina fletó ocho transatlánticos ya utilizados para la invasión de Etiopía (Calabria, Liguria, Lombardía, Sannio, Cerdeña, Sicilia, Tíber y Toscana), tres buques de carga (Antonietta, Ernani y Lodoletta), el buque hospital Helouan y 31 buques de carga ya fletados por los Ferrocarriles del Estado y utilizados para transportar carbón desde el norte de Europa. El primer grupo de voluntarios se reunió en el grupo especial de batallones del CC.NN. en las cercanías de Nápoles el 7 de diciembre de 1936 para un breve período de entrenamiento preliminar. El primer grupo de 3.446 hombres embarcados en Gaeta fue retirado y sustituido inmediatamente. Al llegar a Cádiz el 22 de diciembre, estos primeros voluntarios formaron la 1ª brigada de voluntarios al mando del general Rossi. El segundo grupo de 3.508 hombres, transportados desde Lombardía y desembarcados en Cádiz el 1 de enero de 1937, participó en la creación de la 2ª brigada de voluntarios bajo el mando del Gral. Coppi y de la 3ª brigada de voluntarios bajo el Gral. Nuvolini. Una vez finalizada la actividad de adiestramiento, y tras haber renovado su personal en varias ocasiones debido a las bajas, el batallón especial del CC.NN. se disolvió el 5 de febrero de 1937.

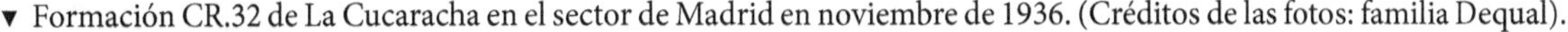

▲ Personal de tierra y Fiat CR.32 en el aeropuerto de Torrijos en 1936. (Crédito de la foto: familia Bolesani).

▼ Formación CR.32 de La Cucaracha en el sector de Madrid en noviembre de 1936. (Créditos de las fotos: familia Dequal).

El ascenso de la Fuerza Aérea

Como se ha visto, la primera acción de la aviación soviética en España fue realizada el 28 de octubre de 1936 por cuatro bombarderos Tupolev SB-2 del Grupo nº 12, que atacaron el aeródromo de Tablada. Estos modernos aviones tenían una velocidad máxima superior a la de los Fiat CR.32, que tuvieron que aplicar una nueva técnica de interceptación. Al día siguiente, tres CR.32 atacaron a tres SB-2 en una inmersión cerca de Valdemoro. El piloto nacionalista Salas afirmó haber derribado un bombardero, lo que pareció ser confirmado por los observadores en tierra. El 2 de noviembre, una incursión de 10 SB-2 en Talavera dañó 6 CR.32 y el mayor Fagnani decidió redesplegar 14 CR.32 en Torrijos al día siguiente. También el 2 de noviembre, el Tte. Mantelli y M.llo Sozzi derribaron un SB-2 de la 2ª escuadrilla de SB con base en San Clemente en la zona de Murcia. Esta fue la primera victoria italiana confirmada contra este tipo de aviones, conseguida gracias a los 5.000 m de altitud desde los que los Fats atacaron su objetivo situado 2.000 m más abajo.

El 3 de noviembre, el Aniene llegó a Sevilla tras remontar el Guadalquivir para descargar 21 CR.32 y 4 Ro.37. Los nuevos combatientes formaron la 3ª escuadrilla de caza bajo el mando del capitán Mosca. Formada en Tablada, la escuadrilla llegó a Torrijos el 9 de noviembre, uniéndose a la 18 CR.32 que entonces operaba en este aeropuerto. Los 2 escuadrones que se unieron permitieron la formación de un grupo de caza formado el 11 de noviembre y comandado por el mayor Tarcisio Fagnani. La 1ª escuadrilla de Dequal permaneció con base en Sevilla-Tablada con 11 CR.32 operativos.

El 4 de noviembre, el CR.32 del Cabo Dequal y el sargento Magistrini estaban de patrulla en el aeródromo de Getafe, cerca de Madrid, cubriendo a las tropas nacionalistas. Persiguiendo a dos SB-2, el Fiat llegó al aeródromo de Cuatro Vientos justo cuando un escuadrón de Polikarpov I-15 regresaba de un desfile sobre Madrid. Los italianos consiguieron liberarse, pero al pasar por encima de las líneas nacionalistas, Dequal se fijó en un Ro.37 bis solitario que luchaba con siete Polikarpov I-15 comandados por el capitán Pavel Richagov. La intervención de los biplanos Fiat salvó al Ro.37 bis, pero los dos cazas fueron derribados. Dequal se lanzó en paracaídas sobre las líneas republicanas y logró regresar al territorio bajo control nacional. Magistrini, por su parte, murió en la primera batalla entre los aviadores italianos y los biplanos soviéticos I-15.

▲ El S.81 del Coronel Bonomi dañado en el ataque del SB-2 al aeródromo de Talavera de la Reina el 25 de noviembre de 1936. (Crédito de la foto: Museo Caproni).

▲ Tupolev SB-2 dañado en el aeródromo nacionalista de Logroño-Agoncillo en 1936. (Crédito de la foto: colección de Fernando Pina Rubio en AviationCorner.net).

▼ Arranque de un Polikarpov I-15 republicano con un Ford V8 equipado con un compresor. (Crédito de la foto: colección Patrick Laureau).

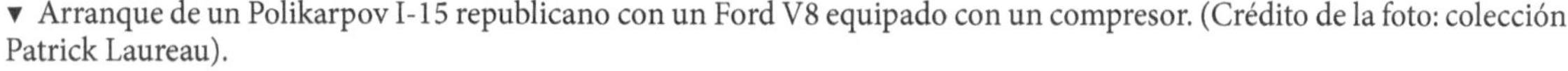

▲ Ro.37 bis de la Fuerza Aérea Nacional. (Foto: Familia Anderle).

▼ Bombardeo cerca del Puente de Toledo, Madrid, noviembre de 1936. El camión de la derecha es un ZiS-5.

El 5 de noviembre, 9 CR.32 comandados por el cabo Carlo Albero Maccagno en una misión de escolta para 3 Ro.37 bis fueron atacados por 15 I-15 cerca de Leganés. Maccagno fue derribado pero consiguió saltar en paracaídas sobre Madrid. Fue herido en la pierna y tuvo que ser amputado. En el lado opuesto, dos I-15 no regresaron a su base: el del teniente Mitrofanov, el primer piloto soviético muerto en España, y un segundo avión destruido al intentar un aterrizaje forzoso en el paseo de la Castellana.

El 10 de noviembre, un nuevo adversario apareció en los cielos de Madrid: el caza monoplano Polikarpov I-16. El CR.32 se enfrentó por primera vez el 15 de noviembre: 15 biplanos transalpinos se enfrentaron a 4 I-16 y derribaron el avión de Vladimir N. Vzorov. A pesar de su mayor velocidad, el monoplano Polikarpov carecía de la maniobrabilidad del CR.32, cuyos pilotos se dedicaban a combatir en círculos. Sin embargo, la llegada de los I-15 e I-16 a los cielos españoles marcó el fin de la superioridad tecnológica de los CR.32.

El 19 de noviembre tuvo lugar una incursión masiva contra el sector universitario de Madrid, con 4 S.81, 18 Ju 52 y 12 Ro.37 escoltados por 16 CR.32 y 9 He 51. La formación nacionalista fue atacada por I-15 e I-16 que afirmaron haber destruido 3 Ju 52 y 3 cazas. En realidad, sólo un Ju 52 fue derribado. Los nacionalistas se adjudicaron 7 victorias, mientras que las pérdidas republicanas fueron un I-16 y un I-15 derribados, ambos atribuidos a cazas italianos. Los combates aéreos sobre Madrid eran diarios, y las reclamaciones de ambos bandos eran casi siempre exageradas.

El 25 de noviembre, el campamento de Talavera fue atacado por la artillería republicana por la mañana y por 6 SB-2 por la tarde, que dañaron seriamente el S.81 del coronel Bonomi y 2 Ro.37. Como resultado, 6 Ro.37 fueron redistribuidos a Cáceres. También se emprendió la construcción de un nuevo aeródromo en Velada, a 15 km al oeste de Talavera. A medida que la defensa antiaérea de Madrid se hacía más poderosa, los ataques con Ju.52 y S.81 se realizaban cada vez más por la noche.

▲ Gli aviatori italiani si godono un pranzo il 25 dicembre 1936 a Tablada. (photo credits: Famiglia Dequal)

▲ Polikarpov I-15 "Chato" de la Fuerza Aérea Republicana.

▼ El mayor Próspero Nuvoli en el centro y el cabo Dequal a la derecha en Tablada en diciembre de 1936. (Crédito de la foto: familia Dequal).

El 2 de diciembre, el nuevo aeródromo de Velada fue objeto de una incursión de 18 R-5 Polikarpov que dañaron 3 S.81. Los 2 CR.32 de la patrulla de vigilancia, incluido el del S.Lt. Cenni, logró despegar y derribar a 3 de los atacantes. El 4 de diciembre, 2 R-5 que regresaban de un ataque al aeródromo de Navalmoral fueron derribados sobre Torrijos por CR.32, uno de ellos pilotado por el sargento Baschirotto.

El 5 de diciembre, las escuadrillas 2a y 3a fueron trasladadas a Barcience, a pocos kilómetros al este de Torrijos pero con una mejor pista de aterrizaje. Los días 5 y 6 de diciembre, los CR.32 escoltaron a los Ro.37 que operaban en el sector de la Casa de Campo. En esta ocasión, dos I-16 y un I-15 fueron derribados, mientras que el CR.32 del sargento Ferrari fue alcanzado y se vio obligado a realizar un aterrizaje forzoso.

El 20 de diciembre, un combate entre los Fiat CR.32 y los Polikarpov I-15 se saldó con la pérdida de tres de estos últimos. Al día siguiente, el coronel Bonomi regresó a Italia y fue sustituido por el coronel Vicenzo Velardo como jefe de la fuerza aérea italiana en España. El 28 de diciembre de 1936, la Aviación del Tercio dejó de existir y fue sustituida por la Aviazione Legionaria.

▲ Personal de tierra italiano y español posando delante de un CR.32. (Fotos: familia Comelli).

▼ Polikarpov I-16, apodado "Mosca" por los republicanos y "Rata" por los nacionalistas.

Intervención naval

Desde el principio, la Marina italiana desempeñó un papel decisivo en el conflicto español. A partir del 30 de septiembre, se estableció una misión de escolta de los buques transatlánticos italianos en tránsito por Gibraltar, lo que justificó el despliegue de unidades de la Regia Marina en Tánger. Las primeras salidas fueron realizadas por el crucero ligero Bande Nere y los destructores Pancaldo y Da Recco, estos últimos sustituidos por Pigafetta y Da Mosto respectivamente el 4 de octubre. El día anterior, el Bande Nere había sido sustituido por el Da Barbiano, que transportaba una unidad del btg San Marco que iba a permanecer en Tánger durante más de un año.

Además de los barcos destinados a proteger el tráfico en el Estrecho de Gibraltar, Italia envió barcos a los principales puertos en manos de los republicanos para proteger a sus ciudadanos y misiones diplomáticas. Los cruceros Di Giussano y Pola fueron enviados a Barcelona, este último llegó el 5 de septiembre y salió el 11 de septiembre hacia Palma de Mallorca, donde permaneció hasta el 3 de octubre. El Di Giussano fue sustituido por el Colleoni, que atracó en Barcelona la mañana del 6 de septiembre. El 11 de septiembre se le unió el Usodimare para sustituir al Pessagno. El Usodimare dejó la capital catalana el 29 de septiembre, mientras que el Di Giussano regresó a La Spezia el 4 de octubre. Fue sustituido por el Eugenio di Savoia, que había llegado dos días antes. En Alicante, la Regia Marina empleó el antiguo crucero ligero Quarto a partir del 9 de septiembre. Tras las amenazas al consulado italiano en Almería, el destructor Da Verazzano, que había llegado a Alicante el 16 de octubre, fue enviado allí entre el 23 y el 25 de octubre. Durante estos dos días, el comandante, C.F. Gaetano Catalano Gonzaga, obtuvo garantías de que el consulado no sería ocupado. Tras embarcar a 14 italianos, un alemán y un prisionero político español, el buque hizo una breve parada en el puerto de Cartagena para informar al almirante Div. Vittorio Tur, comandante de las unidades navales italianas en España, del estado de la flota republicana.

▲ La Escuadrilla Internacional anclada en Tánger a mediados de septiembre de 1936.

▲ Los destructores Antonio Pigafetta (en primer plano) y Alvise da Mosto frente a Tánger en octubre de 1936.

▼ El crucero ligero Alberico da Barbiano anclado en Tánger el 10 de octubre de 1936. (Crédito de la foto: colección Franco Bargoni).

▲ El Da Barbiano escoltando al transatlántico Conte Biancamano a través del Estrecho de Gibraltar el 13 de octubre de 1936.

▼ Marineros del btg. San Marco relevando a la guardia a bordo del Da Barbiano en Tánger en octubre de 1936.

Aunque la protección y, en su caso, la evacuación de ciudadanos eran buenos pretextos para enviar barcos militares a España, la presencia de los buques de la Regia Marina les permitía recabar información sobre los barcos mercantes que partían o se dirigían a puertos republicanos y sus cargamentos. Sin embargo, hacia mediados de octubre, la presencia de unidades italianas en los puertos republicanos se hizo cada vez más delicada debido a la hostilidad mostrada por una parte de la población. El mando italiano llegó a temer un ataque de barcos o submarinos republicanos no controlados. Por ello, decidió sustituir los buques más modernos por otros más antiguos o de menor categoría. El 20 de octubre, el San Giorgio llegó a Barcelona para sustituir al Eugenio di Savoia como buque insignia. El Adm. Div. Vittorio Tur fue sustituido por el Contramm. Angelo Iachino como comandante de las fuerzas navales italianas en España. Con el reconocimiento del gobierno nacionalista por parte de Italia el 18 de noviembre, los barcos de la Regia Marina abandonaron los

▲ El almirante Vittorio Tur, acompañado por el cónsul Bossi (izquierda), visitando al vicepresidente Cassol en la Generalitat de Barcelona el 2 de octubre de 1936. (Crédito de la foto: colección Franco Bargoni).

puertos republicanos. El San Giorgio salió de Barcelona al día siguiente, haciendo escala en Palma de Mallorca del 20 al 23 antes de llegar a La Maddelana el 25. En Tánger, el Da Barbiano fue sustituido por el Quarto el 18 de noviembre, que se convirtió en el buque insignia del Grupo Naval Italiano en los puertos cercanos al Estrecho comandado por Contralmirante Alberto Marenco de Moriondo.

A finales de octubre de 1936, al aumentar el tráfico naval soviético en el Mediterráneo, se intensificó la vigilancia del Canal de Sicilia y del Estrecho de Messina. Entre el 28 de octubre y el 2 de noviembre, los destructores Borea y Nembo llevaron a cabo dos misiones de vigilancia cada uno, con el objetivo de señalar el paso de buques rusos o republicanos a los cruceros auxiliares nacionalistas. A principios de noviembre se les unieron los destructores Strale, Dardo y Freccia. Durante la salida entre el 3 y el 4 de noviembre, el Strale identificó y siguió al carguero ruso Komsomol, que fue hundido el 14 de diciembre por el crucero Canarias. Entre el 28 de octubre y el 6 de noviembre, los barcos italianos identificaron 51 buques mercantes. Sin embargo, las misiones de vigilancia en el Canal de Sicilia se interrumpieron porque los informes no tuvieron seguimiento, ya que había muy pocos barcos nacionalistas para intervenir a tiempo.

Para asesorar a la marina nacional, que carecía de oficiales y sólo tenía una organización elemental, Roma envió al C.V. Giovanni Ferretti (alias Dr. Rossi) como oficial de enlace con el comandante de la fuerza naval Francisco Moreno. Llegó a Cádiz vía Tánger, Tetuán y Sevilla el 3 de octubre. Su primera tarea fue crear un código de cifrado trilingüe para permitir la colaboración entre las armadas nacionalista, alemana e italiana. A continuación, participó en las negociaciones entre la Armada Nacional y Roma para proporcionar dos submarinos para luchar más eficazmente contra los buques mercantes que abastecían los puertos republicanos. A principios de noviembre, confiado en una respuesta positiva de Roma, Ferretti preparó hasta el último detalle la llegada de los submarinos al arsenal de Carraca, en la provincia de Cádiz. Pero sus esfuerzos fueron en vano, ya que a mediados

▲ El Almirante Div. Vittorio Tur saluda al Almirante Rolf Carls a su llegada a bordo del Graf Spee en Barcelona en octubre de 1936.

▲ El Bartolomeo Colleoni, con la marca del almirante Goiran, fondeado frente a Barcelona en la segunda mitad de septiembre de 1936. (Crédito de la foto: Colección A. de Toro).

▼ Vista del puerto de Tánger a finales de 1936. En primer plano el Quarto y, detrás, un destructor francés de la clase Vauquelin (Créditos de la foto: colección Franco Bargoni).

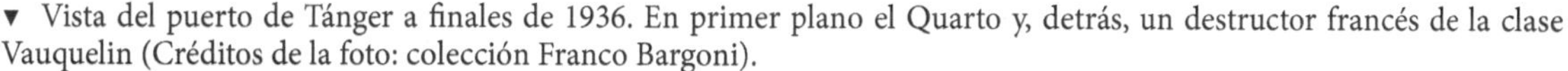

de noviembre la Regia Marina decidió operar sus submarinos desde bases en tierra, rechazando cualquier traslado por el momento.

En la primera campaña clandestina de submarinos de la Guerra Civil, que finalizó el 4 de diciembre de 1936, participaron los submarinos Naiade, Topazio, Sciesa y Torricelli con base en La Maddalena. Cada unidad embarcó a un oficial de enlace nacionalista para identificar los objetivos. El 22 de noviembre de 1936, el Torricelli torpedeó al crucero ligero republicano Miguel de Cervantes frente a Cartagena, dañando seriamente su popa. Remolcado de vuelta a puerto, el barco no estuvo disponible para reparaciones hasta el 11 de abril de 1938. La comisión de investigación republicana culpó a un submarino alemán, mientras que el Almirantazgo británico atribuyó el torpedeo a un submarino español que se había pasado a los nacionalistas. El torpedeo del Cervantes tuvo un enorme impacto, que fue mucho más allá de los daños materiales causados al buque. El efecto sobre la moral de las tripulaciones republicanas, que antes pensaban que el enemigo no tenía submarinos, fue desastroso. En el lado italiano, sin embargo, se temían las posibles consecuencias si la verdad salía a la luz, y se impusieron nuevas restricciones a los comandantes de los submarinos para que sólo dispararan torpedos en casos de extrema necesidad. La frustración se convirtió en la norma entre las tripulaciones, que se acostumbraron a las maniobras de ataque frustradas.

A pesar de los límites operativos impuestos, la mayor intervención naval fue ratificada en la reunión del 6 de diciembre. Durante este mes, se enviaron 11 submarinos en misiones, en vano, la mayoría de los ataques no se completaron. Sin embargo, la amenaza de un ataque submarino y la acción de las pocas unidades de superficie republicanas obligaron a la flota republicana a permanecer en sus bases y a los barcos soviéticos a abandonar las rutas del Mediterráneo.

▲ El Eugenio di Savoia frente a Barcelona a principios de octubre de 1936. (Fotos: Colección Franco Bargoni).

▲ El carguero ruso Komsomol en ruta hacia Barcelona fotografiado por el Strale frente al Cabo Bon el 4 de noviembre de 1936. (Crédito de la foto: colección Franco Bargoni).

▼ El crucero nacionalista Canarias que hundió el Komsomol el 14 de diciembre de 1936.

Italianos en el Frente Republicano

Los italianos antifascistas que se habían refugiado en Francia y Suiza fueron de los primeros voluntarios extranjeros que llegaron a España para apoyar a la república. La primera mención de una formación de voluntarios italianos data del 3 de agosto de 1936 y se refiere a un grupo italiano incorporado a la Columna 19 de Julio de las milicias del PSUC. Probablemente se trataba de voluntarios de la comunidad italiana residente en Barcelona. Carlo Rosselli, uno de los fundadores del movimiento antifascista Giustizia e Libertà, creó el 17 de agosto de 1936 la Colonna Italiana Rosselli (o batallón Giacomo Matteoti), que contaba con entre 130 y 150 hombres. Adscrita a la Columna Ascaso, formación anarquista comandada por Domingo Ascaso y Gregorio Jover, la Colonna Italiana Rosselli combatió desde el 28 de agosto en el frente de Aragón, rechazando un ataque nacionalista en el monte Pelato, entre las localidades de Huesca y Almudévar.

Algunos de los exiliados italianos en Francia decidieron formar un batallón con el nombre de Garibaldi el 26 de octubre de 1936, comandado por el republicano Randolfo Pacciardi, ayudado por el comisario político Antonio Roasio del PCI. Con unos 800 hombres y adscrito a la XII brigada internacional, el batallón recibió su bautismo de fuego el 12 de noviembre de 1936 durante los combates en el Cerro de Los Ángeles. El líder del PCI en el exilio, Palmiro Togliatti, un influyente miembro de la Comintern, también fue a España, donde se convirtió en uno de los principales asesores del PCE.

▲ El crucero republicano Miguel de Cervantes, torpedeado el 22 de noviembre de 1936 por el submarino Torricelli. (Créditos de las fotos: colección Franco Bargoni).

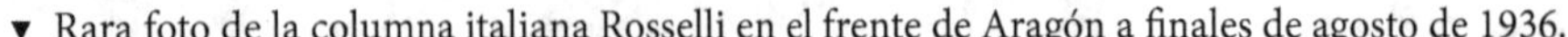

▼ Rara foto de la columna italiana Rosselli en el frente de Aragón a finales de agosto de 1936.

ACTO III:
LA TOMA DE MÁLAGA

A principios de 1937, la toma del paso de Málaga, primera operación de la guerra civil llevada a cabo principalmente por legionarios italianos, fue la única victoria importante para el bando nacional.

Objetivo: Málaga

A finales de 1936, los nacionalistas controlaban el 60 por ciento de la España peninsular, el Marruecos español, las Canarias y las Islas Baleares, con la excepción de Menorca. Sin embargo, toda la costa mediterránea permaneció en territorio republicano y fue la principal puerta de entrada de la ayuda militar soviética. Para disponer de un puerto en la costa mediterránea, Franco implementó la toma de Málaga, en Andalucía, su primer objetivo tras la toma de Madrid.

La iniciativa de llevar a cabo la toma de Málaga como una acción independiente de la de Madrid fue tomada por el general Mario Roatta, que informó a Franco el 17 de diciembre de 1936. Como se ha visto anteriormente, al Caudillo no le entusiasmaba la idea de que unidades dirigidas por italianos combatieran en suelo español, pero el fracaso de su tercera ofensiva en el frente de Madrid y la falta de tropas nacionalistas le llevaron a aceptar la ofensiva italiana sobre Málaga. También esperaba que el ataque a Málaga obligara a los republicanos a enviar refuerzos desde Madrid.

▲ Entrada de las tropas franquistas en Málaga el 8 de febrero de 1937.

▲ El general Vincenzo Velardo, primer comandante de la Fuerza Aérea Legionaria.

▼ S.81 del XXIV Gr. en vuelo sobre Andalucía en febrero de 1937. (Foto: Museo Caproni Taliedo).

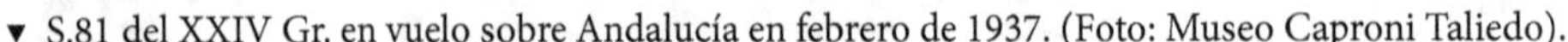

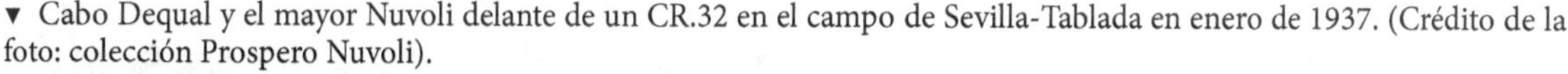

▲ El Aniene en ruta hacia Sevilla, escoltado por el destructor Aquila, a finales de diciembre de 1936. (Crédito de la foto: colección Bernardo Monti).

▼ Cabo Dequal y el mayor Nuvoli delante de un CR.32 en el campo de Sevilla-Tablada en enero de 1937. (Crédito de la foto: colección Prospero Nuvoli).

La interrupción de la cuarta ofensiva sobre la capital a mediados de enero de 1937, debido a unas condiciones meteorológicas especialmente desfavorables, hizo que el hasta entonces poco entusiasta Franco revisara su posición sobre la acción contra Málaga. Se dio cuenta del efecto de distracción que podía tener sobre los republicanos y decidió prepararla junto con la quinta ofensiva contra Madrid. Pero la ofensiva sobre Málaga no tuvo el efecto deseado sobre las defensas de Madrid y la ofensiva de febrero de 1937 en el valle del Jarama fue otro fracaso para Franco.

Para Roatta, la toma de Málaga era de crucial importancia para reducir la ruta de los suministros desde Italia, que hasta entonces tenían que cruzar el Estrecho de Gibraltar y desembarcar en Cádiz. Además, quería demostrar a Franco la capacidad operativa del cuerpo expedicionario italiano.

El 22 de diciembre de 1936, Roatta presentó su plan a Queipo de Llano, responsable del frente sur. Tras obtener su aprobación, realizó una misión de reconocimiento en el sector de Málaga los días 23 y 24 de diciembre con el coronel Emilio Faldella, jefe del Estado Mayor de la MMIS, para estudiar la planificación de la ofensiva. Se consideraron tres rutas para el ataque: Granada-Motril, Loja-Málaga y Antequera-Málaga. La primera ruta era la más rentable, ya que aislaría todo el saliente republicano de Málaga, entre Órgiva y Estepona, atacando desde el este, pero requeriría una guerra de montaña en Sierra Nevada para asegurar los lados de la carretera. Las otras dos rutas ofrecían la oportunidad de una acción convergente sobre Málaga, pero sólo permitían la ocupación de la mitad del saliente republicano, que sin embargo concentraba 4/5 de las fuerzas allí desplegadas. Por recomendación de Faldella, que conocía bien las dificultades topográficas de la primera ruta, Roatta descartó una ofensiva sobre Motril. Las otras rutas de ataque no estaban exentas de obstáculos naturales, ya que Málaga estaba rodeada por un circo montañoso que facilitaba su defensa, y las rutas de acceso atravesaban valles escarpados.

El 25 de diciembre, Roatta reunió en el Hotel Madrid de Sevilla a los oficiales de la MMIS y a los oficiales que supervisaban el primer contingente de 3446 CC.NN. que habían desembarcado en Cádiz el 22 de diciembre. Nombró al coronel Mario Guassardo como comandante del 1er. brigada mixta y aseguró a los oficiales del cuadro que sus hombres lucharían en unidades totalmente italianas.

▲ El Santuario de la Virgen de la Cabeza asediado por los republicanos entre el 14 de septiembre de 1936 y el 1 de mayo de 1937.

El 26 de diciembre, Roatta fue a Salamanca acompañado por Faldella para reunirse con Franco. Este último aceptó la formación de unidades italianas y dio su acuerdo definitivo para la operación contra Málaga. El 28 de diciembre, Roatta se dirigió a Roma para informar a Franco de su decisión y pedir los refuerzos necesarios. Al día siguiente, Ciano telegrafió una nota a la MMIS autorizando la operación contra Málaga y anunciando la llegada de nuevos batallones.

El 31 de diciembre, Faldella hizo circular entre la MMIS tres documentos relativos al plan de acción sobre Málaga, que reflejaban la doctrina de la guerra relámpago entonces vigente en el ejército italiano. La ofensiva debía basarse en acciones masivas en rápida sucesión contra objetivos decisivos situados en el interior de la posición enemiga. Las bases de partida seleccionadas se concentraron en el sector Antequera-Archidona-Loja, lo más cerca posible de los objetivos. Para lograr el efecto sorpresa, las actividades de reconocimiento debían reducirse al mínimo, no se realizaría ninguna preparación de artillería y se llevaría a cabo una acción de distracción en D-2. La rapidez de las maniobras estaría garantizada por la disponibilidad de vehículos de transporte de reserva. A su regreso de Roma, el 10 de enero de 1937, Roatta aceptó las directrices de Faldella.

Creación y fortalecimiento de la Fuerza Aérea Legionaria

Antes de examinar el curso de la operación contra Málaga, conviene volver a la creación de la Fuerza Aérea Legionaria, que iba a intervenir en los combates. Como ya hemos visto, el 28 de diciembre de 1936 se creó oficialmente el Ejército del Aire Legionario, bajo el mando de Vincenzo Velardo, que llegó de Italia con el grado de coronel y fue ascendido a general para reforzar su prestigio ante los generales españoles.

El refuerzo de la fuerza aérea italiana en España continuó con la llegada de 9 Savoia S.81 de la 13ª escuadra del XXVI Gr. el 29 de diciembre. El 1 de enero de 1937, el buque comercial Aniene atracó en Sevilla con 20 Fiat CR.32 bis, 3 Romeo Ro.41 y el personal de 2 escuadrones de caza. El 15 de enero, otros 9 S.81 de la 11ª sección desembarcaron en Sevilla. Redistribuidos a Soria con los 9 trimotores que llegaron el 29 de diciembre, formaron el Grupo de Bombardeo Pesado XXIV Marelli al mando del coronel Ferdinando Raffaelli.

▲ Soldados franquistas en la carretera costera de Estepona el 12 de enero de 1937.

▲ José Villalba Rubio en 1924, entonces comandante de la 3ª Bandera de la Legión.

A mediados de enero de 1937, la Fuerza Aérea Legionaria desplegó 16 S.81 del Grupo XXIV Marelli, 21 Ro.37bis de la 1ª y 2ª escuadra, 69 Fiat CR.32 y 3 Ro.41 del I Grupo Cucaracha (1ª, 2ª y 3ª escuadra) y del II Grupo Cucaracha (4ª, 5ª y 6ª escuadra).

El 22 de enero, el puerto de Cádiz, donde desembarcaban las tropas italianas, fue atacado por 3 Tupolev SB-2. La intervención de 2 CR.32 que patrullaban sobre la ciudad obligó a los bombarderos soviéticos a deshacerse de sus bombas antes de alcanzar su objetivo y a regresar a sus líneas lo antes posible, perseguidos sin éxito por los CR.32 durante más de 100 km. El 28 de enero, el huracán que azotó Sevilla dañó cuatro S.81 en el aeródromo improvisado de La Cascajera, utilizado por temor a las incursiones de los SB-2 en Tablada. Uno de los S.81 fue desplazado más de 200 metros por el huracán.

El 29 de enero, 9 CR.32 de la 5ª escuadra escoltaron a 3 S.81 y 3 Ro.37 bis encargados por los nacionalistas de reabastecer la ermita de la Virgen de la Cabeza en la Sierra de Andújar, asediada por los republicanos. Las condiciones meteorológicas se deterioraron rápidamente y pronto los pilotos perdieron el contacto visual con los demás aviones de su formación debido a la aparición de una espesa niebla. Seis CR.32 se estrellaron, dos pilotos murieron y otros cuatro fueron hechos prisioneros.

El 4 de febrero, el Aniene aterrizó en Sevilla con 12 Fiat CR.32 y 11 pilotos al mando del Cabo Mario Viola.

▲ Posición de las unidades italianas el 31 de enero de 1937.

Ofensiva nacionalista y preparativos italianos

Mientras se preparaba la ofensiva italiana, Queipo de Llano ordenó al coronel Francisco Borbón y de la Torre, duque de Sevilla, que lanzara un ataque local en el sector occidental del saliente de Málaga, a lo largo de la carretera de la costa. El 14 de enero, las fuerzas nacionalistas capturaron Estepona, y luego continuaron su avance hacia San Pedro de Alcántara, que tomaron el día 15, y hacia Marbella, que alcanzaron el 17 de enero sin encontrar resistencia. Al mismo tiempo, en el otro extremo del saliente de Málaga, una columna nacional procedente de Granada al mando del coronel Antonio Muñoz Jiménez ocupó Alhama el 22 de enero. Este avance ofrecía una nueva ruta para el ataque a Málaga, vía Vélez-Málaga. Roatta decidió aprovechar esta oportunidad y dividió sus fuerzas en 3 columnas para invertir un frente de más de 130 km.

El 24 de enero, Roatta envió un telegrama a Ciano poniéndole al corriente de los últimos acontecimientos y de las dificultades encontradas en los preparativos. Debido a las ofensivas nacionales en los flancos del saliente de Málaga, Roatta temía que el efecto sorpresa del ataque italiano se viera comprometido. De hecho, la ofensiva contra Málaga dejó de ser un secreto a voces, ampliamente difundido por la prensa anglosajona. Pero el mando republicano no pudo contar con ninguna ayuda del gobierno valenciano, ya que la carretera de la costa estaba cortada a la altura de Motril debido a las inundaciones. Roatta también tuvo que lidiar con la casi total falta de entrenamiento de las primeras tropas que llegaron a España, debido a la urgencia con la que fueron reunidas y enviadas al teatro de operaciones. Además, las unidades carecían de cohesión o espíritu de cuerpo, al estar compuestas por elementos de diferentes cuerpos y unidades de la milicia o del ejército. A pesar de ello, Roatta creía que podría lanzar su ofensiva el 1 de febrero, aniversario de la fundación del MVSN, pero no descartaba un retraso de unos días. Este último punto disgustó a Ciano, que informó a Faldella, que se encontraba en Roma en ese momento, pidiendo nuevos refuerzos. Franco también estaba ansioso por ver a las unidades italianas en acción, esperando una victoria que restaurara la moral de las tropas nacionalistas varadas frente a Madrid.

El 26 de enero, Roatta dio la orden de desplegar las unidades en sus zonas de concentración, es decir, los sectores de Osuna-Aguadulce para la columna derecha comandada por el coronel Carlo Rivolta, Aguilar de la Frontera-Montilla para la columna central del general Edmondo Rossi y Lucena-Cabra para la columna izquierda del coronel Mario Guassardo. Situadas a una media de 60 km del saliente de Málaga, estas zonas de concentración fueron elegidas para dejar en entredicho la zona de la ofensiva.

Para su ataque, cuyo nombre en clave es Relámpago, Roatta disponía de unos 10.000 hombres distribuidos entre las siguientes unidades:

- I gr. de banderas compuesto por las banderas Aquila, Carroccio y Leone (1 bandera equivale a 1 batallón y 1 grupo de banderas equivale a 1 regimiento);
- II gr. de banderas compuesto por las banderas Folgore, Indomito y Falco;
- III gr. de banderas compuesto por las banderas Hurricane, Arrow, Storm y Wolves;
- IV gr. banderas compuestas por las banderas Bufalo, Toro y Bisonte;
- Tanques de asalto de 1ª y 2ª cp. de 13 L 3 cada uno;
- 1 pelotón del 3er tanque de asalto cp;
- 1 empresa de vehículos blindados de 8 Lancia 1ZM ;
- 1er cp. m.m. ;
- Obuses I y II gr. 105/28 en 2 baterías de 3 cada una;
- 2° gr. 149/12 obuses en 2 baterías ;
- 1er btr. 75/27 cañones CK ;
- 1er y 2° btr. 20/65 cañones Breda ;

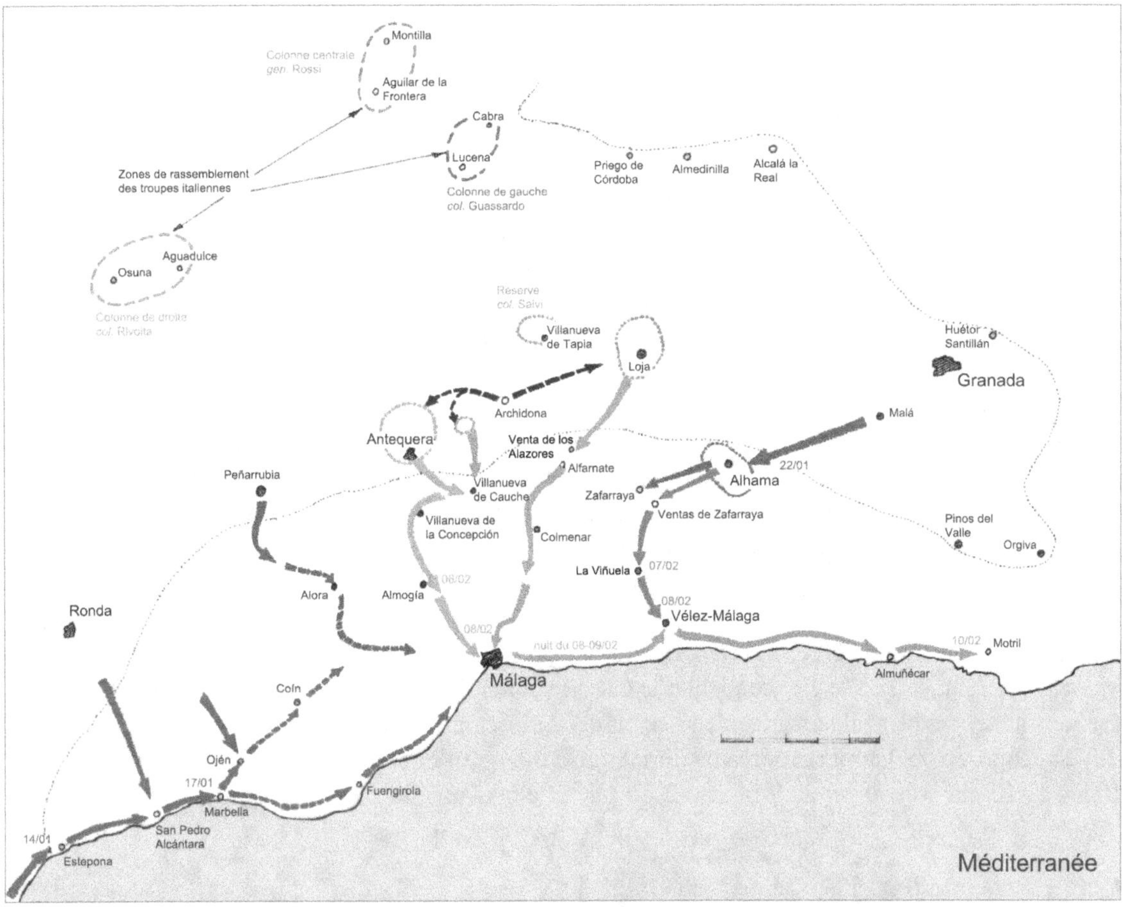

▲ Mapa de las operaciones contra el saliente de Málaga entre el 14 de enero y el 10 de febrero de 1937 (Aymeric López).

▼ IMAM Ro.37 bis del equipo de la 1ª OA en el campo de Granada-Armilla en febrero de 1937.

- 1 sección de 2 pistolas 47/32 ;
- 3 pelotones de zapadores
- 2 pelotones de ingenieros de enlace telefónico;
- 1 sección de ingenieros radiotelegrafistas;
- 1 pelotón de ingenieros.

El transporte de las tropas debía realizarse con 720 vehículos. En la tarde del 4 de febrero, los obuses II gr. 100/17, formados dos días antes, llegaron a Loja para unirse a las tropas italianas. Para contrarrestar cualquier ataque por detrás de su posición, Roatta envió a las banderas V, incluidas las Implacable y Ardente, para dar cobertura en el sector de Lucena.

La fuerza italiana fue complementada en ambos extremos del frente por fuerzas nacionalistas que proporcionaban protección en los flancos, de conformidad con los acuerdos alcanzados el 30 de enero con Queipo de Llano. El flanco derecho estaba cubierto por cuatro batallones de la 2ª División al mando del coronel Francisco Borbón y de la Torre desde Marbella y Ronda, mientras que el flanco izquierdo estaba cubierto por un batallón de infantería del Regimiento de Infantería Cádiz nº 33 y una compañía de regulares desplegada en Alhama al mando del coronel Antonio Muñoz Jiménez. El coronel Basilio León Maestre estaba a cargo de las tropas de reserva. En total, las fuerzas nacionalistas contaban con unos 10.000 hombres.

Desde el mar, los franquistas pudieron contar con la ayuda de los cruceros Canarias y Almirante Cervera. Para el apoyo aéreo, la Fuerza Aérea Legionaria trasladó algunas unidades del frente de Madrid a Andalucía. La 3ª y 4ª cuadrilla de CR.32 y 5 Ro.37 de la 1ª cuadrilla fueron reasignados al aeródromo de Sevilla-Tablada, donde ya había 13 S.81 del XXIV Gr. Un total de 36 CR.32 participaron en la operación. La fuerza aérea nacional intervino con 12 Breguet XIX de los escuadrones 3-G-10 y 4-G-10, un escuadrón de Junkers 52 y 3 CR.32 de la Patrulla Azul de Joaquín García Morato.

▲ De izquierda a derecha, el sargento Camoni, el teniente Mantelli, Sargento. Colauzzi, sargento. Salvi y, el primero de la derecha, el sargento Cappellini en el campo de Granada-Armilla en febrero de 1937.

Frente a esta fuerza, los republicanos contaban con 12.000 hombres en primera línea y 8.000 en reserva, entre milicianos de distintas facciones, hombres de la Guardia de Asalto y soldados del ejército regular, armados con sólo 10.000 fusiles, entre 70 y 80 ametralladoras, unos 20 morteros y 16 cañones. El 3 de febrero, se enviaron 6 cañones autopropulsados soviéticos BA-6 y FAI como refuerzo. El mando del sector fue asumido por el coronel José Villalba Rubio, que acababa de ser trasladado desde Cataluña para sustituir al coronel Manuel Hernández Arteaga. Las posiciones de resistencia se establecieron en los pasos, dominando las rutas de acceso y mantenidas por fuerzas numéricamente grandes, pero el sistema de defensa era discontinuo y las posibilidades de apoyo entre sectores débiles debido a la falta de transporte. Para la defensa antiaérea, los leales sólo podían contar con un cañón y tres ametralladoras. El apoyo aéreo de los republicanos era limitado: consistía en 12 Polikarpov I-15, 6 Tupolev SB-2 al mando del capitán Nikolai Ostriakov, de 5 a 6 Dewoitine 371 y Nieuport Ni 52 C1 y 4 Potez 540 y 542 de la escuadrilla Malraux (nombre que recibió la escuadrilla España a partir de finales de noviembre de 1936) redesplegada desde Teruel.

El transporte de las tropas italianas a sus zonas de concentración por ferrocarril se completó el 30 de enero, un día después de lo previsto. El 31 de enero, Roatta convocó en Puente Genil a los oficiales de Estado Mayor, generales y coroneles implicados en la ofensiva. Les dio órdenes sobre el despliegue a las bases de partida, la marcha del ataque a Málaga, la puesta en marcha del apoyo aéreo y naval y la organización y funcionamiento de los servicios logísticos.

▲ Legionario de la columna derecha atacando el paso del Torcal, entre Antequera y Villanueva de la Concepción, 5 de febrero de 1937. (Crédito de la foto: Museo Italiano de Historia de la Guerra).

Roatta pasa al ataque

La marcha de las columnas italianas hacia sus bases comenzó la noche del 1 de febrero de 1936. El 2 de febrero, un Heinkel He 70 de la Legión Cóndor en misión de reconocimiento fotográfico fue derribado por los I-15 sobre Estepona. En la mañana del 3 de febrero, tres batallones nacionales al mando del coronel Francisco Borbón y de la Torre atacaron el sector occidental del saliente de Málaga desde Ronda. Esta vez se encontraron con una fuerte resistencia. Al mismo tiempo, en el cielo de Loja, 6 Polikarpov I-15 se enfrentaron a 3 CR.32. Dos I-15 resultaron dañados y tuvieron que intentar un aterrizaje forzoso cerca de Torremolinos, uno de los cuales quedó destruido. Los CR.32 del teniente Larsimont y del sargento Frattini también tuvieron que hacer un aterrizaje de emergencia y luego ser reparados. Ese mismo día, Franco se dirigió al cuartel general establecido por Roatta en Iznajar. El 4 de febrero, el Caudillo visitó las unidades italianas desplegadas en sus bases: la columna del Coronel Rivolta en Antequera, la columna del Gral. Rossi en Loja con un destacamento en Antequera, y la columna del Coronel Guassardo en Alhama. La reserva comandada por el coronel Costantino Salvi se encontraba en el sector de Villanueva de Tapia. Para mantener la incertidumbre en la zona de ataque, las fuerzas del Ejército del Aire Legionario encargadas del apoyo aéreo de la operación se trasladaron en el último momento al aeródromo de Granada-Armilla. Había 19 CR.32 y 10 Ro.37, que estaban entonces a 15 minutos del frente.

El viernes 5 de febrero, a las 6.30 horas, las tres columnas pasaron al ataque, sin ninguna preparación de artillería. Las reservas se trasladaron a Loja al mismo tiempo. La columna de la derecha fue la primera en tomar contacto con los republicanos. Durante el día, los carros de combate del 2º CP llegaron a Villanueva de la Concepción, mientras que la infantería fue bloqueada por la resistencia republicana en el camino hacia el paso del Torcal, en la colina 860. La columna central, dirigida por el 1a Cp.m. y los tanques de asalto del 1a Cp., entró en la cuenca de la Venta de los Alazores donde

▲ Intervención del Ro.37 bis en el frente de Málaga en los primeros días de febrero de 1937. (Crédito de la foto: colección Nino Bortolini).

▲ Carretera que lleva al Torcal desde Antequera. (Crédito de la foto: colección Sebastian Aguilar).

▼ La cuenca de la Venta de los Alazores y el paso que lleva a Alfarnate. (Créditos de las fotos: Betanya collection).

los soldados, hasta entonces transportados en camiones, desmontaron. Tras desplegar la artillería, los soldados atacaron las posiciones republicanas que dominaban la cuenca, ocupadas por 2.000 milicianos, sin conseguir desalojarlos antes de que cayera la noche. Cinco Ro.37 bis atacaron a los refuerzos republicanos en la carretera de Málaga a la Venta de los Alazores. El destacamento de la columna central de Antequera fue detenido a la entrada de Villanueva de Cauche. Desde Alhama, la columna de la izquierda, que atacó hacia las 9.30 horas con una primera bandera, aportó una segunda bandera hacia las 12 horas para romper las defensas del paso y abrir el camino a la tercera bandera, que obligó a los defensores republicanos a retirarse. Roatta, que había subido a la primera línea para seguir el ataque, fue herido en el brazo, pero conservó el mando de las operaciones. Al anochecer, toda la columna había cruzado la cresta y llegado al sector de Ventas de Zafarraya. Al mismo tiempo, las fuerzas nacionalistas del coronel Antonio Muñoz Jiménez avanzaron sobre Zafarraya, a la que llegaron alrededor de las 14 horas. La Fuerza Aérea Legionaria apoyó el avance de las tropas realizando misiones de reconocimiento y bombardeando posiciones republicanas. Diez S.81 y 19 CR.32 fueron asignados para atacar Colmenar, pero el bombardeo no fue muy preciso. A continuación, los S.81 se quedaron en tierra durante tres días debido a las fuertes lluvias que hicieron que el terreno de Sevilla-Tablada fuera intransitable para estos pesados aviones trimotores.

En la tarde del 5 de febrero, sólo la columna de la izquierda había logrado romper la línea de resistencia republicana. El mando tenía dos alternativas: reforzar la columna central, que según el plan inicial debía llevar el esfuerzo principal del ataque, o desplazar el centro de gravedad de su acción hacia la izquierda. Consciente de que la conquista de Málaga era más importante que la de Vélez-Málaga, Roatta optó por la primera solución, aunque inicialmente había pensado en reforzar la columna izquierda con dos batallones. Finalmente, Roatta decidió a las 11 de la noche destinar una bandera de reserva para reforzar la columna central.

En la mañana del 6 de febrero, las operaciones no se reanudaron hasta las 7.30 horas, después de que la niebla se hubiera disipado. La columna de la derecha, intuyendo que las fuerzas republicanas

▲ Búnker con vistas a la carretera entre Venta de los Alazores y Alfarnate. (Créditos de las fotos: colección Salvador).

▲ Columna L3 avanzando hacia Málaga.

▼ BA-6 capturado entre Marbella y Fuengirola el 6 de febrero por las fuerzas nacionalistas del Coronel Francisco Borbón.

se preparaban para retirarse, avanzó su infantería para unirse a los L3 del 2º cp. en Villanueva de la Concepción y luego continuó su avance hacia Almogia, que fue alcanzada al anochecer. La columna central consiguió salir de la cuenca de la Venta de los Alazores y avanzó hacia Colmenar, que ya había sido evacuado. A continuación, avanzó hacia el Puerto de Léon y la Costa de Viento, donde fue detenida por la resistencia republicana. La columna de la izquierda también siguió avanzando desde Ventas de Zafarraya más allá del cruce para Riogord-Colmenar. La reserva se trasladó a la Venta de los Alazores para poder intervenir tanto en Colmenar como en Ventas de Zafarraya. En la costa oeste, las fuerzas nacionalistas del Duque de Sevilla avanzaron sin encontrar mucha resistencia en Torremolinos y capturaron tres cañones autopropulsados BA-6. En la tarde del 6 de febrero, sólo el destacamento de la columna central permanecía bloqueado frente a Villanueva de Cauche. Ante el avance italiano y nacional, el coronel Villalba ordenó la evacuación de Málaga por la carretera de la costa hasta Almería.

El 7 de febrero, la columna de la derecha reanudó su avance a las 8 de la mañana y tomó posiciones en las alturas que dominan Málaga esa misma tarde, a sólo 2,5 km del centro de la ciudad. La columna central, con 6 banderas, atacó las posiciones de Costa de Viento a las 7.30 horas, combinando un ataque frontal con maniobras de adelantamiento en los flancos. La posición cayó alrededor de las 12 del mediodía y la columna central tomó entonces contacto con la columna de la derecha, cuyo mando pasó a manos del general Rossi. El destacamento de la columna central consiguió entrar en Villanueva de Cauche mientras las fuerzas nacionalistas del Duque de Sevilla alcanzaban la desembocadura del Guadalhorce, apoyadas por el fuego de los cruceros Canarias y Almirante Cervera y los cañoneros Canalejas y Cánovas del Castillo. La columna de la izquierda, que avanzaba hacia La Viñuela, fue atacada por error por los Ro.37bis que creyeron estar en presencia de tropas republicanas. Tras lanzar las primeras bombas, los aviadores se dieron cuenta de su error al reconocer la silueta del Fiat 618.

▲ CV 35 a las puertas de Málaga el 7 de febrero de 1937. (Crédito de la foto: Museo Italiano de Historia de la Guerra).

El lunes 8 de febrero, a las 8 de la mañana, tras algunas escaramuzas con los republicanos en las afueras de la ciudad, la columna de la derecha entró en Málaga. La columna central entró a la misma hora, habiendo enviado destacamentos para ocupar el edificio de Correos y Telégrafos, el del Banco de España y el Ayuntamiento desde las 6 de la mañana. Las tropas del Duque de Sevilla entraron en Málaga hacia el mediodía. En el puerto, la flota republicana hundió los cañoneros Xauen y Ártabro. La columna de la izquierda, retrasada por la destrucción de un puente sobre el río Alcancin, ocupó Vélez-Málaga hacia las 16 horas. A las 5 de la tarde el Gral. Rossi tomó posesión de los poderes civiles y militares en Málaga y asistió al desfile de las tropas italianas y españolas.

A primera hora de la tarde del 8 de febrero, Roatta ordenó la formación de una columna motorizada para aprovechar el éxito de Málaga y marchar hacia Torre del Mar para unirse a la columna de la izquierda, a la que asignó una bandera de reserva como refuerzo. Los republicanos se dieron a la fuga por la carretera de la costa hacia Motril. Pero como inicialmente no se había fijado otro objetivo que la toma de Málaga y Vélez-Málaga, la formación de la columna motorizada tardó en llegar. Al mando del coronel Salvi, estaba compuesta por tres bandas (Falco, Indomito y Folgore), el 1er cuerpo de tanques de asalto, el 1er cuerpo de m.m., los obuses 2° gr. 100/17, una sección de cañones 47/32 y un pelotón de zapadores. La columna no salió hasta la noche del 8 al 9 de febrero, alrededor de la 1:30 horas, y llegó a Torre del Mar al amanecer del 9 de febrero. Uniéndose a la columna de la izquierda y pasando al mando del coronel Guassardo, la columna motorizada reanudó su avance hacia el este por la carretera de la costa hasta detenerse frente a Almuñécar hacia las 22 horas.

Al amanecer del 10 de febrero, la columna de Guassardo ocupó Almuñécar y se dirigió a Motril. La defensa republicana allí fue especialmente eficaz, ayudada por la presencia del río Guadalpece, que los italianos tuvieron que vadear. En esta ocasión perdieron a dos perseguidores L3. Dos Tupolev SB-2 en misión de bombardeo en la zona fueron atacados por cuatro CR.32 del 5º Escuadrón.

▲ Obús 100/17 mod.14 del II Gr. en una posición con vistas a Málaga. (Fotos: Colección Aymeric López).

Uno de los bombarderos resultó dañado y tuvo que realizar un aterrizaje forzoso cerca de Motril, Salobreña. El avión fue recuperado por los nacionalistas, mientras que la tripulación consiguió llegar a las líneas republicanas. Alrededor de las 17 horas, el CC.NN. tomó Motril, poniendo fin a una persecución de dos días sobre una distancia de 119 km. La llegada de la 6ª brigada mixta y la 13ª brigada internacional a Albuñol estabilizó el frente republicano.

Al amanecer del 11 de febrero, dos Tupolev SB-2 bombardearon el aeródromo de Granada-Armilla, sin éxito. Por la mañana, la CR.32 bis de S.Lt. Mantelli y Monti, el sargento mayor Drigani y el sargento Cova de la 4ª sección interceptaron a los Potez 540 'B' y Potez 542 'Ñ' de la escuadrilla Malraux con base en Tabernas, a 31 km al norte de Almería, que regresaban de una incursión en Motril. Su escolta de cinco I-15 voló bastante lejos y los italianos lo aprovecharon, Mantelli derribó el Potez pilotado por Guy Santés que se estrelló en el mar frente a Cabo Sacratif. El CR.32 de Mantelli fue alcanzado por el artillero René Deverts y se vio obligado a aterrizar en territorio republicano, no lejos de Motril. Pudo volver a las líneas nacionalistas gracias a la ayuda de un campesino. El segundo Potez resultó dañado y tuvo que aterrizar cerca de Dalías, en territorio republicano. El daño fue tal que se consideró destruido. Este episodio provocó la disolución de la escuadrilla de Malraux por falta de aviones.

Al mismo tiempo, las vías de comunicación en territorio republicano fueron atacadas por el S.81, que tuvo como objetivo la estación de ferrocarril de Guadix, así como el puerto y la estación de ferrocarril de Almería.

El 13 de febrero, Motril fue bombardeada por SB-2, matando a 15 soldados italianos e hiriendo a otros 25. Ese mismo día, las tropas italianas abandonaron Motril y subieron hacia Granada. Fueron relevados por los nacionalistas.

▲ Legionarios italianos y Lancia 1ZM entran en Málaga el 8 de febrero de 1937. (Crédito de la foto: Museo Italiano de Historia de la Guerra).

▲▼ Tropas italianas en las calles de Málaga. (Crédito de la foto: Museo Italiano de Historia de la Guerra).

▲ Legionarios italianos y Lancia 1ZM en el patio del Ayuntamiento de Málaga. (Fotos: Archivo *abc*).

▼ Las tropas franquistas marchan por la calle Larios en Málaga.

▲ ▼ Lancia 1ZM en la plaza de la marina de Málaga tras la toma de la ciudad por los nacionalistas.

▲ El cañonero republicano Xauen que fue hundido cuando las tropas de Franco llegaron a Málaga.
▼ Cañón autopropulsado de la FAI inutilizado por la artillería naval en las cercanías de Málaga y capturado por los nacionalistas el 8 de febrero. (Foto: Bundesarchiv).

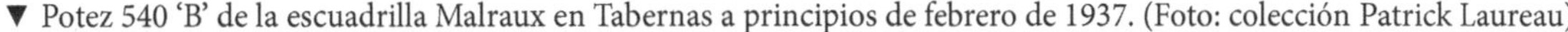

▲ El mismo cañón autopropulsado de la página precedente.

▼ Potez 540 'B' de la escuadrilla Malraux en Tabernas a principios de febrero de 1937. (Foto: colección Patrick Laureau)

▲ Fiat CR.32 en el aeropuerto de Málaga en febrero de 1937. (Fotos: Familia Dequal)

▲ ▼ El Tupolev SB-2 alcanzado por el CR.32 de la 5ª escuadra tras su aterrizaje forzoso en Salobreña el 10 de febrero de 1937.

▲ Potez 542 'Ñ' de la escuadrilla Malraux en vuelo.

▼ Pilotos de la 4ª sección en el campo de Granada-Armilla en febrero de 1937. (Créditos de las fotos: familia Dequal).

▲ Potez 540 derribado sobre Cabo Sacratif el 11 de febrero de 1937. (Créditos de las fotos: familia Dequal).
▼ Bombardeo del nudo ferroviario de Guadix por el Savoia S.81. (Créditos de las fotos: familia Dequal).

RESULTADOS Y CONSIDERACIONES

La toma de Málaga fue un gran éxito estratégico para el bando nacional, y más concretamente para las tropas italianas de las que dependía la operación. En seis días de lucha, los italianos perdieron alrededor de 500 hombres, entre ellos un centenar de muertos. En el campo republicano, las pérdidas se estimaron en varios cientos de muertos. A pesar del escaso armamento del que disponían los republicanos, la batalla de Málaga fue todo menos una simple marcha militar para los italianos. Mientras se rompían sus posiciones de resistencia, los combatientes republicanos mostraban una resistencia decidida, a pesar de su falta de organización. La decisión del coronel Villalba de evacuar Málaga en la tarde del 6 de febrero, y el hecho de que él mismo abandonara la ciudad, acabaron con cualquier deseo de resistencia por parte de los soldados y milicianos republicanos. Unos 10.000 fueron capturados.

La importancia de la toma de Málaga fue crucial desde el punto de vista político: en un momento en que las tropas de Franco estaban inmovilizadas frente a Madrid y la moral de la población en territorio nacionalista estaba en su punto más bajo desde el inicio de la insurrección, esta victoria les dio esperanzas sobre el resultado del conflicto. Desde el punto de vista estratégico, les dio acceso a un gran puerto en el Mediterráneo, del que habían estado privados hasta entonces, y redujo la longitud del frente que las tropas de Queipo de Llano tenían que mantener de 400 a 60 km. Por esta victoria, Roatta recibió las felicitaciones de Mussolini, Ciano, Queipo de Llano, el general José Millán Astray, comandante de la flota nacional, y el comandante de la Legión Cóndor. Sólo Franco permaneció en silencio, avergonzado por el hecho de que la única victoria del bando nacional en ese momento fuera conseguida por fuerzas extranjeras.

En el bando republicano, el general José Asensio Torrado, subsecretario de guerra, fue destituido y el coronel Villalba encarcelado. Sirviendo de auténtico chivo expiatorio, fue liberado y rehabilitado tras más de un año en prisión. Las verdaderas causas de la derrota fueron la falta total de apoyo del gobierno valenciano, la falta de disciplina dentro de la milicia, los enfrentamientos entre las diferentes facciones, el abandono de las labores de defensa y la falta de armas y municiones. La derrota en Málaga también acentuó las tensiones entre Largo Caballero y los comunistas, ya que estos últimos deploraban la indulgencia del jefe de gobierno con las milicias anarcosindicalistas y su lentitud a la hora de aplicar el reclutamiento.

Los trágicos acontecimientos que siguieron a la toma del saliente de Málaga fueron atribuidos al gobierno de Burgos. Ninguno de los republicanos hechos prisioneros por los italianos fue asesinado, según las órdenes muy claras emitidas por Roatta al respecto. Así, hasta que el Gral. Rossi entregó los poderes militares y civiles al Coronel Francisco Borbón y de la Torre, todos los prisioneros republicanos se salvaron. Pero poco después de que los nacionalistas tomaran el poder, comenzó una terrible cacería incluso antes de que se instituyera un consejo de guerra. Hasta el final de la guerra, entre 2.250 y 4.235 personas fueron asesinadas por los nacionalistas en represalia por los 2.500 muertos registrados en Málaga en los primeros meses de la guerra civil, las iglesias destruidas y las casas aristocráticas saqueadas.

En cuanto a la supuesta masacre de la columna de refugiados que huían de Málaga por la carretera costera de Almería, denunciada por el médico canadiense Norman Bethune, miembro del servicio médico de las brigadas internacionales, no existe ningún documento republicano de la época que lo demuestre.

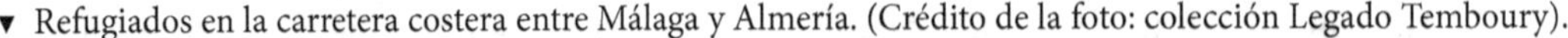

▲ Prisioneros republicanos escoltados por legionarios italianos en el sector de Málaga. (Crédito de la foto: Museo Italiano de Historia de la Guerra).

▼ Refugiados en la carretera costera entre Málaga y Almería. (Crédito de la foto: colección Legado Temboury).

BIBLIOGRAFÍA

- *La partecipazione italiana alla Guerra Civile Spagnola (1936-1939), Volume I, Testo*, Alberto Rovighi & Filippo Stefani, Stato Maggiore dell'Esercito, Ufficio Storico, 1992.
- *La partecipazione italiana alla Guerra Civile Spagnola (1936-1939), Volume I, Documenti e allegati*, Alberto Rovighi & Filippo Stefani, Stato Maggiore dell'Esercito, Ufficio Storico, 1992.
- *La guerre d'Espagne, Révolution et contre-révolution (1934-1939)*, Burnett Bolloten, Agone, 2014.
- *La guerre d'Espagne*, Anthony Beevor, Calmann-Lévy, 2006.
- *Les brigades internationales de Franco*, Sylvain Roussillon, Via Romana, 2012.
- *Grandes batallas de la Guerra Civil Española*, Pablo Sagarra, Óscar González, Lucas Molina, La esfera de los libros, 2012.
- *Batallas de la Guerra Civil Española*, Lucas Molina Franco, Rafael Permuy López, Fernando Calvo González-Regueral & Juan Vázquez García, Susaeta, 2012.
- *Armas y uniformes de la guerra civil española*, Lucas Molina Franco & José María Manrique García, Susaeta, 2009.
- *Guerra civil española, Fotografía inéditas*, Isabel Ortiz, Susaeta, 2009.
- *Los medios blindados en la Guerra Civil Española, Teatros de operaciones de Andalucía y Centro 36/39*, Artemio Mortera Pérez, Alcañiz Fresno's Editores, 2009.
- *Frecce Nere! Le camicie nere in Spagna 1936-1939*, Pierluigi Romeo di Colloredo, Italia Storica, 2012.
- *«In Spagna per l'idea fascista», legionari trentini nella guerra civile spagnola 1936-1939*, Gabriele Ranzato, Camillo Zadra & Davide Znedri, Museo Storico Italiano della Guerra, 2008.
- *I volontari stranieri e le brigate internazionali in Spagna (1936-39)*, Bruno Mugnai, Soldiershop Publishing, 2014.
- *Guerra di Spagna e aviazione italiana*, Ferdinando Pedriali, Aeronautica Militare Italiana, Ufficio Storico, 1992.
- *Ali in Spagna, Immagini e storia della guerra civile 1936-39*, A. Emiliani & G.F. Ghergo, Giorgio Apsotolo Editore, 1997.
- *Ali di guerra sulla Spagna, 1936-1939*, Ferdinando Pedriali, IBN Editore, 2015.
- *Crickets against Rats, Regia Aeronautica in the Spanish Civil War 1936-1937, Vol.I*, Marek Sobski, Kagero, 2014.
- *Aviación en la guerra civil española*, Rafael A. Permuy López, Susaeta, 2012
- *L'impegno navale italiano durante la Guerra Civile Spagnola (1936-1939)*, Franco Bargoni, Ufficio Storico della Marina Militare, 1992.

▲ Capitán Vincenzo Dequal (Foto: Paride Limonesi)

DE LA MISMA SERIE

Voluntarios extranjeros y brigadas internacionales de la Guerra Civil (1936-1939), Bruno Mugnai

Michael Wittmann - Comandante de tanque, Massimiliano Afiero

LIBERA
EDITORIAL
en colaboración con
SOLDIERSHOP.COM